GESCHICHTE

Die Geschichte der Bundeshauptstadt Wien ist gleichsam ein Spiegelbild österreichischer Vergangenheit. Beginnend mit dem Handelsweg zwischen Nord und Süd, der bereits von den Kelten benutzten Bernsteinstraße über den Semmering, wurde im 1. Jahrhundert von den Römern das Castrum Vindobona (der Name stammt vielleicht von »vindo«, keltisch »weiß«) als Grenzfeste gegen die Germanen ausgebaut und erlangte im Jahre 213 das römische Stadtrecht. Nach den Awarenkriegen 791–796 wird von Karl dem Großen die Ostmark gegründet und nach den Magyarenkriegen (955 Schlacht auf dem Lechfeld) erscheint erstmals der Name Ostarrichi 996 in Urkunden. Die Benennung »wenia« ist 881 erstmals urkundlich belegbar. Während die Gründung der Peterskirche und der Ruprechtskirche im 8. bzw. 9. Jahrhundert eher umstritten sind, sind sowohl der Bau der Michaelerkirche (um 1100) und die Grundsteinlegung der Stephanskirche (1137) belegbar. Nachdem unter Herzog Heinrich II. aufgrund des »Privilegium minus« um 1156 Österreich Herzogtum wurde, übersiedelten auch die Regierungsämter von Regensburg nach Wien. Damit im Zusammenhang steht auch die Ausdehnung der Stadt, wodurch der Bau einer neuen Mauer, der »Ringmauer« notwendig wurde. 1221 erhielt Wien die mittelalterlichen Rechte als Stadt und für das Stapeln der meist auf der Donau herbeigeschifften Waren. – Nach der Niederlage des Böhmenkönigs und Landesfürsten Ottokar II. in der Schlacht am Marchfeld (1276) ist seit 1278 die Geschichte Wiens und Österreichs untrennbar mit dem Hause Habsburg verbunden, welches bis 1918 regierte. 1365 wird Wien Universitätsstadt. Aus dem 15. Jahrhundert stammen die älteste Ansicht, der älteste Stadtplan und die älteste Beschreibung Wiens. Im Jahre 1439 beginnt für Wien eine glanzvolle Zeit, denn der Sitz des römischdeutschen Kaisers (bis 1806) wirkt sich in kultureller und wirtschaftlicher Hinsicht auf das Leben der Stadt aus. 1485 bis 1490 wird die Habsburgerherrschaft vom Ungarn Matthias Corvinus unterbrochen. Nach dem Frieden von Preßburg erlangt jedoch wieder ein Österreicher, Kaiser Maximilian I. die Regentschaft (1493–1519). Mitten in die Zeit der nun folgenden Bauernaufstände (1525), der Religionskriege und der Gegenreformation (1632 fällt der protestantische Schwedenkönig Gustav Adolf und 1648 wird am Ende des 30jährigen Krieges der westfälische Friede geschlossen) fallen die erste (1529) und zweite (1683) Türkenbelagerung. Im 17. Jahrhundert werden zahlreiche katholische Ordensgeistliche nach Wien berufen (Barnabiten, Serviten, unbeschuhte Karmeliter und Augustiner), die ihre Kirchen in der Innenstadt errichten. Noch während dem Spanischen Erbfolgekrieg (1701–1713) wird unter Kaiser Karl VI. die pragmatische Sanktion beschlossen, die die Erbfolge weiblicher Mitglieder des Herrscherhauses regelt. 1740–1780 ist dann auch Maria Theresia nicht nur Erzherzogin sondern auch Kaiserin von Österreich. Sie vermählt sich mit Franz Stephan von Lothringen. Großteils auf ihre Veranlassung hin wird das 18. Jahrhundert durch ein reges kulturelles Leben geprägt. Neben großen Musikern und Dichtern wirken hervorragende Baumeister wie Johann Lukas von Hildebrandt (Oberes Belvedere) und Johann Bernhard und sein Sohn Josef Emanuel Fischer von Erlach (Karlskirche).

Nach den napoleonischen Kriegen (1805 und 1809 zieht Napoleon in Wien ein) steht die Stadt während des Wiener Kongresses (1814/15) im Mittelpunkt des politischen und gesellschaftlichen Geschehens (»der

Willkommen in Wien!

Wien – das ist die Stadt, die durch Persönlichkeiten wie Beethoven und Strauß, Bruckner und Mahler, Fischer von Erlach und Lukas von Hildebrandt, Raphael Donner und Gustav Klimt, Karl Böhm, Otto Schenk und Josef Meinrad, um nur einige wenige zu nennen, in aller Welt bekannt und beliebt ist.

Wie kaum eine andere Großstadt liegt Wien am Kreuzungspunkt zwischen Ost und West, Süd und Nord, nicht nur in geographischer, sondern auch in kultureller, künstlerischer und musikalischer Hinsicht. In der Wiener Bevölkerung sind daher gegensätzliche Welten verschmolzen, die im Wirken und Schaffen großer Männer ihren Niederschlag fanden. Deshalb profitiert Wien von der Ausstrahlung verschiedener Kulturen und deren Ideenreichtum, dem sich der Besucher vielerorts gegenübersieht. Beispiele sind die Musik, die einerseits vom ungarischen Musikantentum, andererseits von der Wiener Klassik inspiriert wurde, – die Küche, die Rezepte aus Böhmen, Italien und den Balkanländern entlehnt – oder die Architektur, die eine Gegenüberstellung der griechischen Antike mit dem Wiener Jugendstil, des italienischen Barocks mit dem Ringstraßenstil bietet.

Wiens Stellung als Stadt beruht auf einer stetigen Entwicklung, die ihre Wurzeln in der Römerzeit hat und ihre Blüte im 19. Jahrhundert erlebte, als Wien, Kaiserstadt eines Vielvölkerstaates, zur Millionenstadt wurde. Aus diesem überreichen Erbe schöpft heute die Kunstszene ihren Erfahrungsschatz, von dem, gleichsam als Eckpfeiler europäischer Kultur, immer wieder kräftige Impulse ausgehen. Dies wird durch die alljährlich stattfindenden Wiener Festwochen, Ausstellungsserien, Opernpremieren, internationale Messeveranstaltungen und Kongresse bestätigt.

Der Besucher Wiens ist immer wieder beeindruckt vom Nebeneinander von Palais und Schlössern, Kirchen und Denkmälern. Zu diesen und anderen Sehenswürdigkeiten möchte Sie der KOMPASS-Stadtführer Wien begleiten, der als handlicher Wegweiser über die bedeutendsten Objekte, Plätze, Parks und Schloßanlagen genaue Auskunft gibt.

H. Fleischmann

Inhalt

	Seite
Geschichte	4
Geologie	6
Klima	7
Stadtrundgang	11
Übersichtsplan Stephansdom	13
Übersichtsplan Hofburg	18
Wien – Innenstadtplan	28/29
Alphabetisches Verzeichnis der Sehenswürdigkeiten im 1. Bezirk	30
Sehenswertes in den weiteren Bezirken Wiens	45
Wienerwald	54
Wien – ein Ziel zu jeder Jahreszeit	55
Wiener Küche	56
Öffnungszeiten der Wiener Museen	58
Wichtige Tips für Wien-Besucher	64

Bezirke Wiens:

1. Innere Stadt
2. Leopoldstadt
3. Landstraße
4. Wieden
5. Margarethen
6. Mariahilf
7. Neubau
8. Josefstadt
9. Alsergrund
10. Favoriten
11. Simmering
12. Meidling
13. Hietzing
14. Penzing
15. Rudolfsheim-Fünfhaus
16. Ottakring
17. Hernals
18. Währing
19. Döbling
20. Brigittenau
21. Floridsdorf
22. Donaustadt
23. Liesing

© **Heinz Fleischmann GmbH. u. Co, Geographischer Verlag, D-813 Starnberg**
1985

Verlagsnummer: 520
ISBN 3-87051-347-0
Redaktion und Texte: Dr. Helmut Teutsch

Wir danken dem Wiener Fremdenverkehrsverband (Hrn. Opawa) für die freundliche Beratung bei der Bildauswahl.

Bildverzeichnis:
S. 8/9 Volksgarten (FVV Wien)
S. 44 Riesenrad im Prater (FVV Wien)
FVV Wien: S. 15, S. 16, S. 22, S. 23, S. 27, S. 32, S. 37, S. 39, S. 45, S. 46, S. 47, S. 49, S. 51, S. 53, S. 55. Dr. H. Teutsch: S. 5, S. 14, S. 17, S. 21, S. 24, S. 35, S. 43, S. 52, S. 57.

Stephansdom, Nordturm (Pummerin)

Kongreß tanzt«). Metternich lenkte von 1809 bis 1848 die Geschichte Österreichs. Nach ihm regierte Kaiser Franz Joseph I. von 1848 bis 1916. Unter seiner Herrschaft zählte die österreich-ungarische Monarchie rund 50 Millionen Menschen. Er fördert den Ringstraßenbau und läßt 1870–73 die erste, 1910 die zweite Wiener Hochquellenwasserleitung bauen (dieser waren 1804 die Albertinische, 1835 die von Kaiser Ferdinand vorausgegangen).
1890 werden weitere neun Bezirke (XI.–IXX.) der Stadt eingegliedert. Nach den Wirren des 1. Weltkrieges wird Wien 1918 Bundeshauptstadt und zugleich (ab 1922) Bundesland Österreichs. Nach den Jahren der

Weltwirtschaftskrise marschiert 1938 Hitler in Österreich ein, was in der Folge eine Mitbeteiligung am 2. Weltkrieg brachte. Nach dem Ende des Krieges dauert es weitere zehn Jahre, bis die Besatzungsmächte USA, UdSSR, Großbritannien und Frankreich den österreichischen Staatsvertrag unterzeichnen.

Wiens Vergangenheit wird jedoch wie bei kaum einer anderen Stadt durch die Kultur und Kunst bestimmt, die ihren Ursprung in der Bedeutung Wiens als Kaiserstadt und Hauptstadt im Herzen Europas nimmt. Die Herrscher wußten die namhaftesten Persönlichkeiten aus Architektur, Dichtung und Musik um sich zu scharen und die Verschmelzung unterschiedlichster Kulturkreise bewirkte eine Vielfalt an Stilrichtungen, die durch Einflüsse aus dem Osten, Süden und Norden geprägt sind. Bildhauer und Maler wie Georg Raphael Donner (1693−1741), Ferdinand Georg Waldmüller (1793−1865), Franz Anton Maulbertsch (1724−1796) oder Gustav Klimt (1862−1918) bestimmten nachhaltig die zeitgenössischen Epochen. Noch heute führt man Theaterstücke von Franz Grillparzer (1791−1872), Johann Nestroy (1801−1862), Karl Kraus (1874−1936) oder Hugo von Hofmannsthal (1874−1929) auf. Und zahlreiche Wiener waren Zeugen von Uraufführungen eines Joseph Haydn (1732−1809), Wolfgang Amadeus Mozart (1756−1791) und Ludwig van Beethoven (1770−1827), haben Franz Schubert (1797−1828) zugejubelt oder haben Johann Strauß Vater und Sohn oder Josef Schrammel selbst gehört. Auch Gustav Mahler (1860−1911) und Arnold Schönberg (1874−1951) waren Wiener, die die Musik des 20. Jahrhunderts richtungsweisend beeinflußt haben. Nicht vergessen darf man die Bedeutung Wiens auf dem medizinischen Sektor, die auf Leistungen Sigmund Freuds, Julius Wagner-Jauregg oder Theodor Billroths zurückgehen.

Noch heute ist Wien ein Zentrum europäischer Musik, die Wiener Festwochen und das jährliche Neujahrskonzert der Wiener Philharmoniker ist weltbekannt.

Zudem verdankt es Wien seiner günstigen Lage, daß hier Tagungen, Kongresse und Treffen hoher ausländischer Politiker während des ganzen Jahres abgehalten werden. 1967 wurde Wien Sitz der UNIDO (Organisation für industrielle Entwicklung) und 1979 wurde die UNO-City ihrer Bestimmung übergeben. Sicherlich hat die Atmosphäre Wiens mit dazu beigetragen, daß jeder Gast sich hier wohl fühlt, sei es bei einer kulturellen, wirtschaftlichen oder politischen Tagung − oder einfach beim Urlaub und Kennenlernen einer Weltstadt mit Herz und dem bekannten »Wiener Schmäh«.

Auf einer Fläche von 414,56 Quadratkilometern (davon knapp 58 verbaut) lebten in Wien Mitte des 15. Jahrhunderts 60.000 Menschen, 1754 (bei der ersten Volkszählung) 175.460, 1800 231.000, 1830 317.768, 1900 1,9 Millionen, 1910 2,2 Millionen, 1939 1,93 Millionen und 1976 1,1 Millionen.

GEOLOGIE

Wo die steirisch-niederösterreichischen Kalkalpen gegen Osten auslaufen, befindet sich das Wiener Becken. Folgt man einem Querschnitt durch das Wiener Becken von Norden nach Süden, so durchquert man folgende geologisch und tektonisch interessanten Zonen: Der Wienerwald zählt zur Flyschzone (Helvetische Decke), die sich über einzelne Klippen (z. B. Bisamberg) nach Nordosten fortsetzt. Die südliche Begrenzung des Wiener Beckens ist durch das Leithagebirge (Kalk) gegeben, das der Ostalpinen Decke zugezählt wird, die von den Zentralalpen ausgehend ihre Fortsetzung in den Hainburger Bergen und in den Kleinen Karpaten findet. Dazwischen ist die Terrassenlandschaft der terziären Schotter und Sande eingebettet. Am Abhang des Wienerwaldes zwischen der Kobenzlterrasse (380 m) und der Nußbergterrasse (330 m) befindet sich, dem tektonischen Bruch folgend, die Thermenlinie. Etwa 80 Meter niedriger liegen die Laaerbergterrasse (250 m) und, weitere 50 Meter abgesetzt, die Arsenalterrasse (200 m). Auf der Stadtterrasse (175 m) liegt das Zentrum Wiens, das vom Wienfluß durchquert wird. Südlich des Laaerberges durchzieht die Verwerfungslinie des Leopoldsdorfer Bruches (Erdölfelder) das Wiener Becken. Bis zum Leithagebirge wechseln sich eiszeitliche und jungterziäre Schotter- und Lößplatten ab. Letztere werden für die Ziegelherstellung verwendet und bilden auch den fruchtbaren Boden für den Weinanbau.

KLIMA

Der jährliche Witterungsablauf in Wien ist einerseits von ozeanischen, andererseits von kontinentalen Einflüssen bestimmt. Je nach vorhandener Druckverteilung dominiert der Westwind oder das osteuropäische Hochdruckgebiet. Durch das Westwindband wird warme, feuchte Luft herbeitransportiert, die die Temperaturen stark beeinflußt. So liegt die Lufttemperatur im Verhältnis zu Orten gleicher geographischer Breite in Wien wesentlich höher, ein Effekt, der durch das lokale Stadtklima (»Wärmeglocke«) noch verstärkt wird (Jännermittel −1,7 Grad Celsius, Julimittel 19,6 Grad, Jahresmittel 9,2 Grad). Das osteuropäische Hoch zeichnet bei gleichzeitigem Tief über dem westlichen Mittelmeer für die Kaltlufteinbrüche verantwortlich. Bei diesen Wetterlagen beobachtet man klare Nächte und Frostgefahr durch die langwellige Ausstrahlung der Erdoberfläche. Eine weitere Beeinflussung des Wetters erfolgt durch den Föhn, der sich, obwohl Wien nicht mehr zu seinem direkten Einflußbereich zählt, durch gute Fernsicht und Bewölkung in hohen Schichten (Cirren) bemerkbar macht.
Der jährliche Witterungsablauf zeigt einen stetigen Temperaturanstieg im Frühjahr, unterbrochen sowohl durch stürmisch auffrischende Westwinde als auch durch Kaltluftvorstöße (die sogenannten »Eismänner«). Der Sommer ist in der Regel bei hoher Niederschlagsbereitschaft mäßig warm (Niederschlagsmaximum im Juni und Juli). Im August wird trotz der tagesperiodisch auftretenden Quellbewölkung die größte Sonnenscheindauer registriert. Der Herbst ist meist niederschlagsarm, wobei der September bei warmem, trockenem Wetter beständig schön ist. Im Wiener Becken sind die durch die Abkühlung der Erdoberfläche verursachten Bodennebel am Morgen charakteristisch und erfordern bei den Autofahrern erhöhte Vorsicht. Gegen Mittag lösen sich die Nebelfelder nach intensiver Sonneneinstrahlung auf. In vielen Jahren ist in Wien ein lang anhaltender »Altweibersommer« zu beobachten, der den Trauben in der Umgebung und in der Wachau zur vollen Reife verhilft. Die jährliche Niederschlagsmenge beträgt 651 mm und ist daher um ca. 30 % geringer als am Alpennordrand. In den Klimabögen der Zentralanstalt für Meteorologie und Geodynamik (gegründet 1856) ist der Winter 1928/29 als extrem verzeichnet: das kalte Winterwetter, verursacht durch ein beständiges Hoch über Nordosteuropa ließ die Packeis führende Donau stellenweise zufrieren!

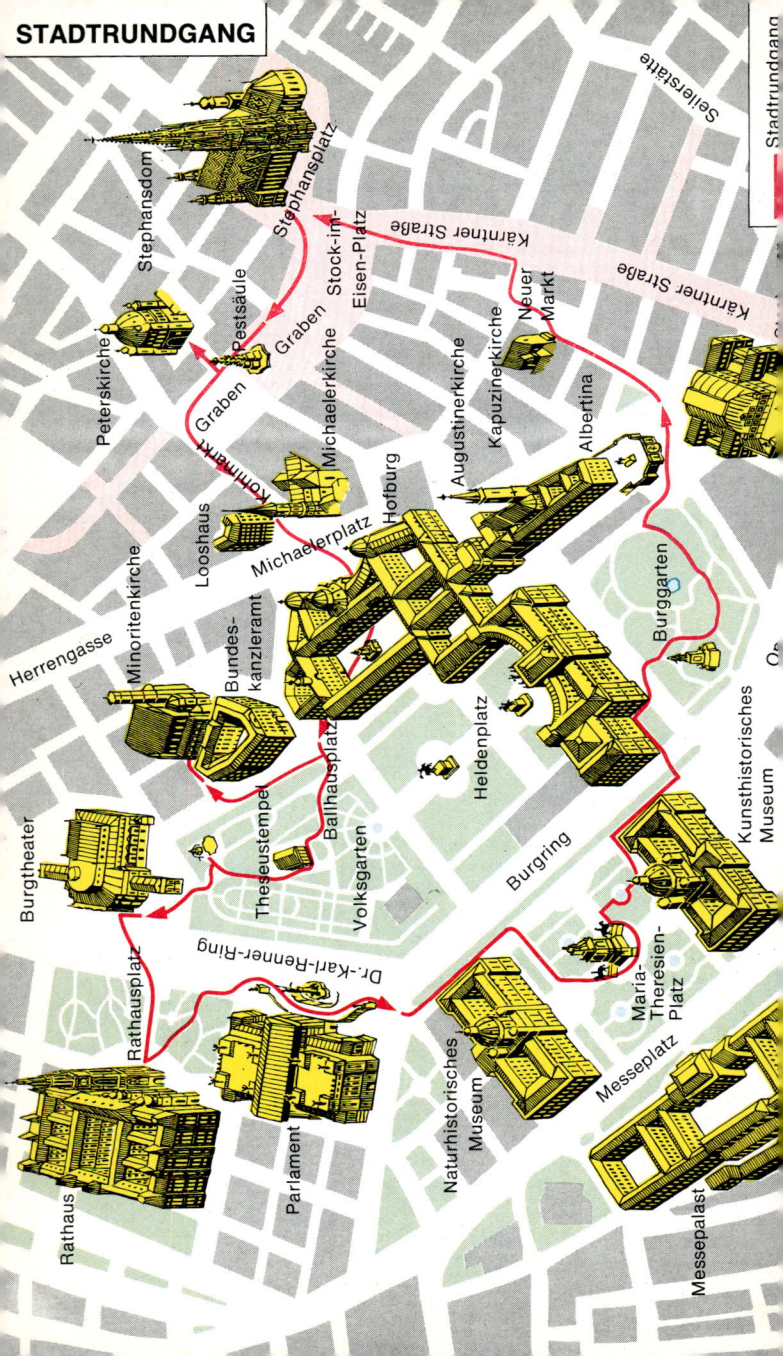

STADTRUNDGANG

Stephansdom

Stephansplatz

Stock-im-Eisen-Platz

Kärntner Straße

Kärntner Straße

Seilerstätte

Peterskirche

Pestsäule

Graben

Graben

Augustinerkirche

Kapuzinerkirche

Neuer Markt

Kohlmarkt

Michaelerkirche

Hofburg

Albertina

Minoritenkirche

Loooshaus

Michaelerplatz

Michaelerplatz

Burggarten

Herrengasse

Bundes-kanzleramt

Ballhausplatz

Heldenplatz

Kunsthistorisches Museum

Burgtheater

Theseustempel

Volksgarten

Burgring

Maria-Theresien-Platz

Rathausplatz

Dr.-Karl-Renner-Ring

Messeplatz

Rathaus

Parlament

Naturhistorisches Museum

Messepalast

STADTRUNDGANG MIT SEHENSWÜRDIGKEITEN

Ein Stadtrundgang soll unterschiedlichsten Anforderungen gerecht werden und natürlich auch jedermanns Geschmack entsprechen. Nun gibt es in Wiens erstem Bezirk eine Anzahl von wichtigen Sehenswürdigkeiten, die die Auswahl von vornherein erschweren, ja, es gibt kaum eine Straße ohne Palais, Kirche, Denkmal oder interessantem Innenhof oder anderen kulturhistorisch bemerkenswerten Stätten. Ferner liebt es kaum jemand, von einer Sehenswürdigkeit zur nächsten zu hasten, oder gar im Verkehrslärm Barockfassaden zu bewundern. – Im vorliegenden Stadtführer Wiens ist es gelungen, einen Spaziergang durch Parkanlagen mit dem Besuch der bekanntesten Stätten zu kombinieren. Als Ausgangspunkt dient der Stephansdom. Über den Graben (Fußgängerzone) und Kohlmarkt gelangt man zum Michaelertor und damit zur Hofburg. Nach dem Spaziergang durch die Anlagen des Volksgartens überquert man beim Burgtheater den Ring und macht im Rathauspark Rast. Entlang des Volksgartens folgt man dem Verlauf der Ringstraße bis zur Bellaria-Passage und gelangt so zu den Museen, d e den Maria-Theresien-Platz umgeben. Durch die Babenberger Passage betritt man den Burggarten mit seinen Denkmälern und lenkt seine Schritte zum Albertinaplatz. Entweder durch die Spiegelgasse oder entlang der Kärntnerstraße (Fußgängerzone) schließt sich der Rundgang (ca. 3 Kilometer), für den man gemütliche zwei Stunden rechnet.

STEPHANSDOM

Jeder Besucher Wiens ist von dem monumentalen Bauwerk des Stephansdomes beeindruckt, dessen reich gegliederte, in gotischem Stil gehaltene Fassade mit dem 136,7 Meter hohen Südturm, der von den Wienern liebevoll »der Steffl« genannt wird, die Innenstadt Wiens beherrscht.

Die Ursprünge des Doms gehen auf eine im Jahre 1147 geweihte romanische Basilika zurück, die um das Jahr 1160 als Pfarrkirche diente und damals noch außerhalb der Stadtmauern lag. 1221 wird sie erstmals urkundlich genannt. Nach einem Brand im Jahre 1258 kommt es zum Neubau (ebenfalls im romanischen Stil), welcher 1263 geweiht wird. (Während der Bauzeit 1258–1263 übernimmt die Schottenkirche deren bisherige Funktion als Stadtpfarrkirche.) Von diesem Bau sind heute noch das **Riesentor** (Eingang vom Stephansplatz) und die rechts und links davon stehenden »**Heidentürme**« erhalten.

Rudolf IV. (1339–1365) ist es zu danken, daß während seiner nur acht Jahre dauernden Regentschaft 1359 mit dem Neubau des Domes im gotischen Stil begonnen wurde, weshalb Rudolf den Beinamen »der Stifter« erhielt. Unter seiner Regierung gelangte auch das Kollegiatkapitel von der Hofburg in die Kirche St. Stephan. 1443 wird der südliche Turm fertiggestellt und 1469 erreicht Kaiser Friedrich III., daß Wien, das bislang der Hoheit der Passauer Bischöfe unterstand, ein eigenes Domkapitel erhält. 1479 wird dann auch der erste Bischof eingesetzt.

Von 1440 bis 1945 deckte das Langhaus ein gotischer Dachstuhl, eine wahre Meisterleistung, die von der damaligen Zimmermannszunft vollbracht wurde. Nach dem verheerenden Brand von 1945 mußte der verkohlte Holzdachstuhl durch eine Stahlkonstruktion ersetzt werden.

In den Jahren 1440 bis 1456 wird unter dem Baumeister Hans Puchsbaum das Fundament des Nordturms gemauert. 1511 stellt man den Bau ein, der jedoch unter dem Dombaumeister Anton Pilgram 1510 wieder aufgenommen wird. Ab 1579 ruhten erneut die Arbeiten, sodaß heute der Nordturm (Adlerturm) nur 60,6 Meter hoch ist. Während der folgenden Jahrhunderte wurden immer wieder Verbesserungsarbeiten am Stephansdom durchgeführt; die Gestalt des Doms aber geht grundlegend auf das 16. Jahrhundert zurück.

Die Abmessungen des Stephansdomes dokumentieren seine Größe: Länge: 107,2 m, Breite: 39 m, Höhe des Langhauses: 22,4 m, First des Langhauses: 60 m, Südturm (1443) 136,7 m, Nordturm (1579) 60,6 m. Der Besucher wird es nicht versäumen, die 340 Stufen der Wendeltreppe hinauf zur 73 Meter hohen Türmerstube zu benutzen, die in vergangenen Zeiten der Feuerwache diente. – Im Nordturm hingegen steht ein Lift für den Aufstieg zur Verfügung. Der Besuch lohnt sich besonders, denn hier hängt die **»Pummerin«,** die um 1683 aus erbeuteten türkischen Kanonen gegossen wurde. Beim Brand 1945 zerschellte die abstürzende Glocke am Boden und wurde 1952 durch eine neue, 21,4 Tonnen schwere (Durchmesser 314 cm) ersetzt, die in Oberösterreich gegossen wurde.

Die Nordfassade beeindruckt durch vier Statuen, die 1907/08 von L. Schadler gefertigt wurden. Sie stellen bedeutende österreichische Regenten dar: Friedrich der Streitbare (III.), Rudolf der Stifter, Heinrich Jasomirgott und Herzog Leopold der Glorreiche. Im Inneren stammt die aus Sandstein gefertigte Kanzel von Anton Pilgram, der sich im **»Fenstergucker«** selbst porträtierte (1514/15). Daneben ist die **»Dienstbotenmadonna«** (1320) sehenswert. Links vorne befindet sich der **»Wiener Neustädter Altar«,** ein gotischer Flügelaltar aus dem Jahr 1447. Am **Hochaltar** (von den Künstlern T. und J. Pock, 1640) verdient der **»Zahnwehherrgott«** Beachtung, dessen Verehrung Schmerzenslinderung bewirken soll. Das Hochaltarbild (von Tobias Pock) stellt die Steinigung des Stephanus, des ersten christlichen Märtyrers durch Saulus, den späteren Paulus dar. Dieser Stephanus ist Namenspatron des Domes. Rechts vom Hochaltar befindet sich das aus rotem Marmor gehauene **Grabmal Kaiser Friedrichs III.** (1493), das nach einem Entwurf von Niclas Gerhaert van Leyden errichtet wurde.

Orgel: Der älteste Teil ist der spätgotische (1513) Orgelfuß, auf dem sich A. Pilgram durch eine Büste selbst verewigte. Die 1960 neu gebaute Orgel, eine der größten Europas, hat vier Manuale, 125 Register und rund 10.000 Pfeifen.

Domführungen: Montag bis Samstag 10.30 und 15.00 Uhr; Sonn- und Feiertage 15.00 Uhr.

Dommuseum: Mittwoch bis Samstag 10.00 – 16.00 Uhr, Sonn- und Feiertage 10.00 – 13.00 Uhr.

Katakomben: täglich von 10.00 – 12.00 Uhr und 14.00 – 16.30 Uhr.

STEPHANSPLATZ

Vom Stephansdom wendet man sich südwestlich und überquert die Fußgängerzone des Stephansplatzes. Der Dom war bis gegen Ende des 18. Jahrhunderts auf drei Seiten vom Friedhof umgeben, der 1792 aufgelassen wurde. 1781 war bereits die Maria Magdalena-Kapelle abgebrannt (ihre Fundamente sind in der U-Bahn Station erhalten). Gegenüber vom Portal des Stephansdomes befand sich an der Stelle, die heute das **Churhaus** einnimmt, die Bauhütte während der Errichtung des Doms. Das Churhaus wurde 1740 vom Architekten Johann Pock erbaut.

STEPHANSDOM

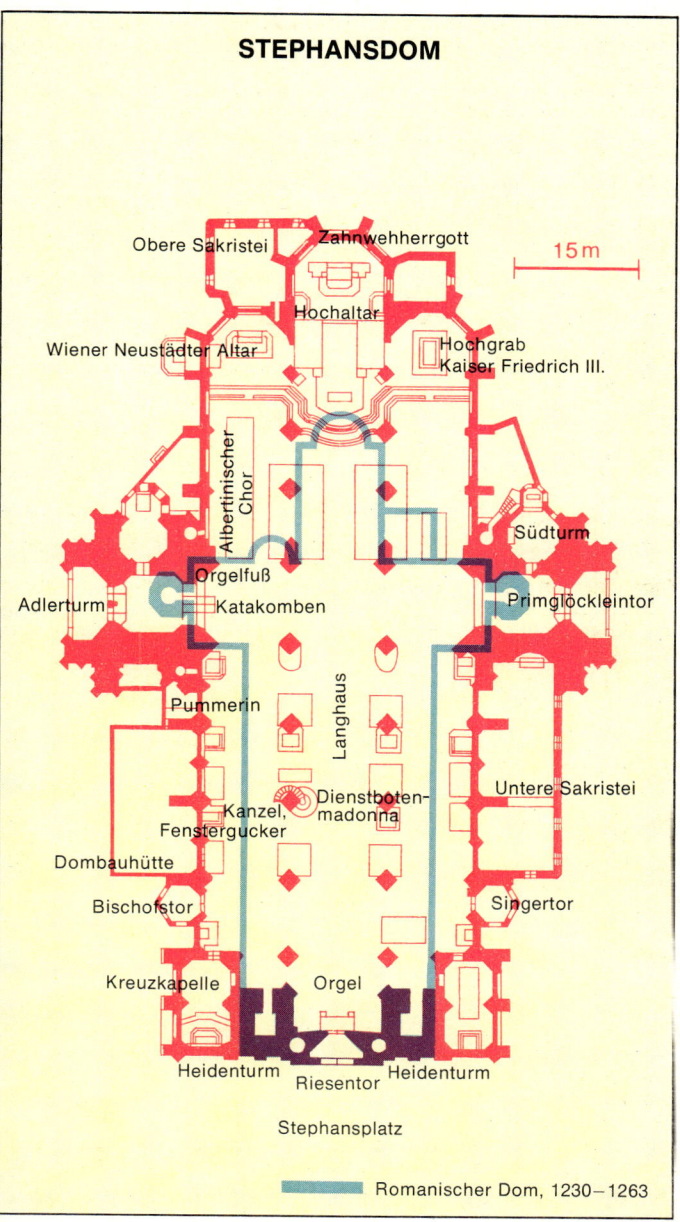

15 m

Obere Sakristei

Zahnwehherrgott

Hochaltar

Wiener Neustädter Altar

Hochgrab Kaiser Friedrich III.

Albertinischer Chor

Südturm

Adlerturm

Orgelfuß

Katakomben

Primglöckleintor

Langhaus

Pummerin

Untere Sakristei

Kanzel, Fenstergucker

Dienstboten-madonna

Dombauhütte

Bischofstor

Singertor

Kreuzkapelle

Orgel

Heidenturm

Riesentor

Heidenturm

Stephansplatz

━━━━ Romanischer Dom, 1230–1263

13

STOCK-IM-EISEN-PLATZ

Solange der Friedhof um den Stephansdom bestand, war der Platz von einer niederen Häuserzeile vom Stephansplatz getrennt. Diese wurde 1792 geschliffen und der seit 1300 »Roßmarkt« genannte Platz erhielt den Namen Stock-im-Eisen-Platz. Am Gebäude der Equitable-Versicherung ist der Stock im Eisen zu sehen, ein mit einem Eisenband umgebener zugenagelter Baumstamm, der an einen (laut Sage) ehemaligen Wald erinnert, der sich bis hierher ausgedehnt haben soll.

GRABEN – PESTSÄULE

Im Zuge der Platzerweiterung im 19. Jahrhundert wurde der bis dahin eigene Platz mit dem Stock-im-Eisen-Platz verbunden. Der Name »Graben« geht auf die Befestigungsanlage der Römer zurück; er wurde im 12. Jahrhundert zugeschüttet. Ab dem 14. Jahrhundert sind hier Märkte abgehalten worden, auch kirchliche und weltliche Feste, Prozessionen und feierliche Züge zogen von der Hofburg über den Kohlmarkt, Graben, Stock-im-Eisen-Platz und Stephansplatz zum Dom.
Während der Pestjahre um 1679 legte Kaiser Leopold I. das Gelübde ab, eine Pestsäule am Graben errichten zu lassen. Ab 1682 erhebt sich hier die Marmorsäule, eine Wolkensäule mit zahlreichen Engeln, Reliefs und Inschriften, die gleichzeitig die Dreifaltigkeit ehren soll. Die pyramidenförmige Plastik vereint den Sockel, geplant von Bernhard Fischer von Erlach, die Detailarbeiten von Rauchmiller und den Aufsatz vom Theateringenieur Burnacini zu einem einzigartigen Kunstwerk hochbarocker Aussagekraft.

Graben – Pestsäule

Peterskirche

PETERSKIRCHE

Wenige Schritte nach der Pestsäule am Graben befindet sich etwas abseits die Peterskirche mit dem gleichnamigen Platz. An dem Ort, wo sich heute die Peterskirche erhebt, soll schon im 4. Jahrhundert eine Kapelle bestanden haben. Jedoch ist weder diese noch eine Anbetungsstätte aus karolingischer Zeit (um 740) urkundlich nachweisbar. Sicherlich ist aber die Peterskirche die zweitälteste Kirche Wiens und besteht seit dem 11. Jahrhundert. (Ältestes Gotteshaus ist die Ruprechtskirche, 1161 urkundlich belegt, in der Nähe des Donaukanals, I. Bezirk.) Im Zusammenhang mit der Errichtung der Pestsäule gelang es von Cischini Kaiser Leopold I. dazu zu bewegen, auch einen Kirchenneubau in Auftrag zu geben. Ab 1702 wird die Kirche barockisiert, erhält 1722 ein von Kaiser Karl VI. gewidmetes Kupferdach und 1733 die Türme.

Beachtenswert ist am Eingangsportal die Darstellung Kaiser Leopolds I. J. M. Rottmayr stellte am **Kuppelfresko** die Himmelfahrt Mariens dar (1713). Der barocke **Altar** (1729) zeigt die Holzplastik des Johann Nepomuk bei seinem Sturz in die Moldau (von Lorenzo Mattielli).

15

KOHLMARKT

Zum Graben zurückgekehrt, wendet man sich westlich dem Kohlmarkt zu. Der Name geht auf den Verkauf von Brennholz und Kohle während des 13. und 14. Jahrhunderts zurück. Im Zuge der Stadterweiterung Ende des 12. Jahrhunderts entstand der »Kohlmarkt« und gelangte im Laufe der Jahrhunderte in den Ruf einer Prunkstraße. Dies geht auf die hier veranstalteten Prozessionen und Erbhuldigungszüge der Herrscher zurück. – An der Ecke Kohlmarkt/Michaelerplatz angelangt, kann man das **Große Michaelerhaus** bewundern, in dem 1748 der Komponist Joseph Haydn wohnte.

MICHAELERKIRCHE

Der Michaelerplatz wird durch drei Gebäude geprägt: die Michaelerkirche, die Hofburg und das Looshaus.
Die Michaelerkirche wurde als ehemalige Hofpfarrkirche dem hl. Michael geweiht. Der Bau wurde von der Bauhütte St. Stephan aus vorgenommen und im 13. Jahrhundert fertiggestellt. Während der barocken Umgestaltung wurde der Hochaltar, in Anlehnung an eine Bühne, mit Evangelistenstatuen versehen, über denen in detailreicher Stuckarbeit der »Sturz der Engel« von Karl G. Merville, 1782, beachtenswert ist. In der Michaelerkirche befindet sich die größte Barockorgel Wiens.

LOOSHAUS

Wegweisend für die weitere architektonische Entwicklung im 20. Jh. ist das **Looshaus** (Michaelerplatz 3), das in den Jahren 1910/11 von dem nach ihm genannten Architekten geplant wurde. Als Sieger in einem Architektenwettbewerb bediente sich Loos dieses für damals revolutionären Stils, um den Räumlichkeiten eines Geschäfts- und Wohnhauses Rechnung zu tragen. Der untere Teil des in klarer Linienführung konzipierten fünfstöckigen Hauses ist in grünem Marmor gehalten.

Looshaus

Michaelertor

Die Hofburg ist ein Gebäudekomplex, der im Laufe der Jahrhunderte zahlreiche Erweiterungen erfuhr, sodaß hier die unterschiedlichsten Stilrichtungen nebeneinander existieren. Die Hofburg beherbergt heute den Amtssitz des österreichischen Bundespräsidenten, die Spanische Hofreitschule, die Österreichische Nationalbibliothek sowie Museen.

Der älteste Teil der Hofburg wird **Schweizerhof** genannt, wohl deshalb, weil zur Zeit Maria Theresias hier die Schweizer Garde Unterkunft nahm. Der Schweizerhof wurde ab 1279 von Premysl Ottokar II. errichtet. Im gotischen Stil ist heute nur mehr die Burgkapelle erhalten, die 1296 erstmals in Urkunden aufscheint, 1449 aber umgebaut wurde. Östlich des Schweizerhofs entstand im 16. Jahrhundert (Renaissancestil) die **Stallburg.** Die Namensgebung beruht auf den sich hier befindlichen Stallungen (auch heute wird ein Teil von der Spanischen Hofreitschule für die Unterbringung der Lipizzaner benutzt). An die kaiserliche Kunstsammlung, die in den Jahren 1721–1778 hier untergebracht war, knüpft heute die Neue Galerie an, die sich im 2. Stock befindet. Sehenswert ist der dreigeschossige **Arkadenhof.**

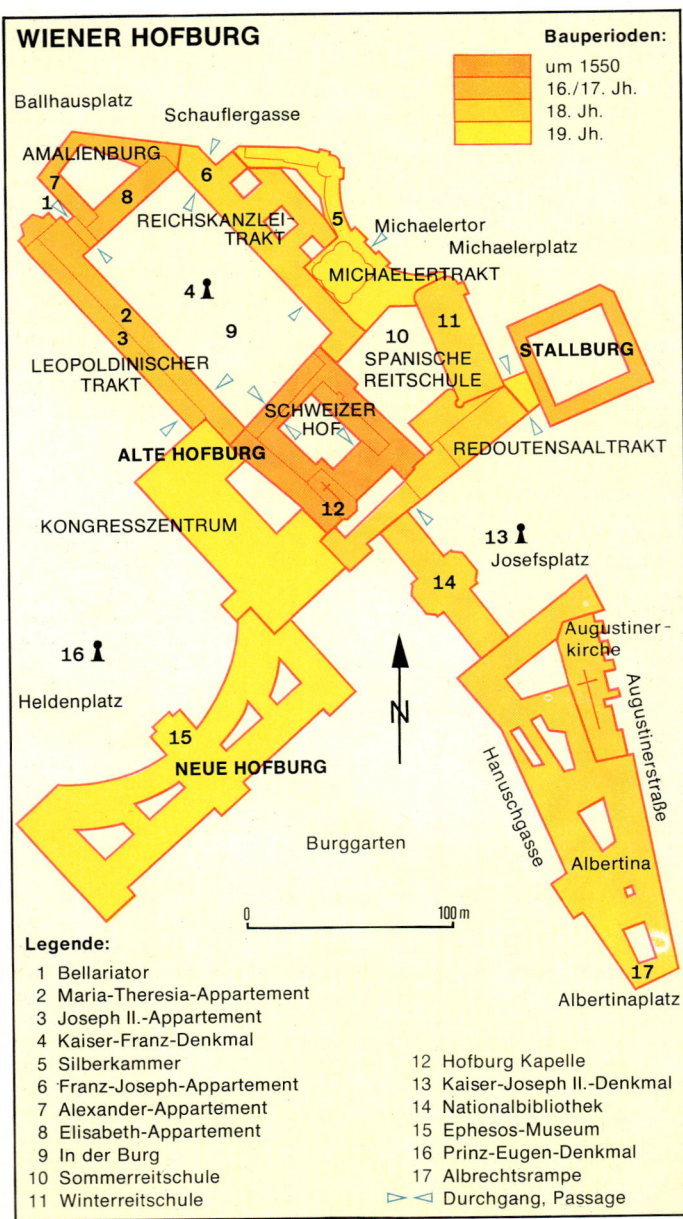

WIENER HOFBURG

Bauperioden:
- um 1550
- 16./17. Jh.
- 18. Jh.
- 19. Jh.

Ballhausplatz

Schauflergasse

AMALIENBURG

7
1
8
6

REICHSKANZLEI-TRAKT

5

Michaelertor
Michaelerplatz

MICHAELERTRAKT

4

2
3
9

LEOPOLDINISCHER TRAKT

11

10
SPANISCHE REITSCHULE

STALLBURG

SCHWEIZER HOF

ALTE HOFBURG

REDOUTENSAALTRAKT

KONGRESSZENTRUM

12

13

Josefsplatz

14

Augustiner-kirche

16

Heldenplatz

N

15

NEUE HOFBURG

Burggarten

Hanuschgasse

Augustinerstraße

Albertina

17

Albertinaplatz

0   100 m

Legende:

1 Bellariator
2 Maria-Theresia-Appartement
3 Joseph II.-Appartement
4 Kaiser-Franz-Denkmal
5 Silberkammer
6 Franz-Joseph-Appartement
7 Alexander-Appartement
8 Elisabeth-Appartement
9 In der Burg
10 Sommerreitschule
11 Winterreitschule

12 Hofburg Kapelle
13 Kaiser-Joseph II.-Denkmal
14 Nationalbibliothek
15 Ephesos-Museum
16 Prinz-Eugen-Denkmal
17 Albrechtsrampe
▷◁ Durchgang, Passage

Die **Amalienburg,** dritter Pfeiler der Hofburg, wurde Ende des 16. Jahrhunderts im frühbarocken Stil errichtet. Sie wurde nach der Gemahin Kaiser Josephs I. benannt und beherbergt das Elisabeth-Appartement und das Alexander-Appartement.

Der Schweizerhof, die Stallburg und die Amalienburg wurden ab dem 17. Jahrhundert miteinander verbunden und durch weitere Trakte ergänzt. So verbindet der **Leopoldinische Trakt** (Amtssitz des österreichischen Bundespräsidenten) den Schweizerhof mit der Amalienburg. – J. L. v. Hildebrandt und J. E. Fischer von Erlach zeichneten für die Bauleitung des im 18. Jahrhundert gebauten **Reichskanzleitrakts** verantwortlich, der die Ostseite des Platzes in der Burg mit einer bemerkenswerten Fassade begrenzt. Es besteht die Möglichkeit einer Führung durch die Räumlichkeiten des Kaiser Franz Joseph Appartements. – Zwischen den Schweizerhof und die Stallburg wurde 1729 bis 1735 nach Plänen von J. E. Fischer von Erlach die **Winterreitschule** eingefügt. Die erste Glanzzeit erlebte der Saal während des Wiener Kongresses 1815. Heute steht dieser Saal der Spanischen Hofreitschule für Aufführungen zur Verfügung. – Südöstlich des Schweizerhofs liegt die **Hofbibliothek** mit dem weltbekannten Prunksaal, die heute zur österreichischen Nationalbibliothek zählen. – Im 19. Jahrhundert wurde westlich des Schweizerhofs das **Kongreßzentrum** angebaut, das vom Heldenplatz über eine Prunkstiege zugänglich ist (1802–1806). Der Zeremoniensaal gilt als der bedeutendste der Räumlichkeiten. In die Epoche der Ringstraßenbauten fällt die Errichtung des **Michaelertraktes** im 19. Jahrhundert (Führung durch die Hoftafel- und Silberkammer).

Die nördliche Seite des Josefsplatzes umschließen der Große und Kleine Redoutensaal, die seit der Mitte des 18. Jh. anstelle eines älteren Theaters errichtet wurden. Sehenswerte Gobelins hängen im Großen Redoutensaal. Seit 1974 dienen die Räumlichkeiten als Kongreßzentrum, in dem OPEC-Tagungen, Truppenabbaugespräche und Diskussionen über Atomenergie abgehalten wurden.

In das Jahr 1857 reicht die Planung Gottfried Sempers zurück, die Hofburg zu einer Art Kaiserforum auszubauen, dessen beide Flügel bis hinüber zum Naturhistorischen und Kunsthistorischen Museum ausladen sollten. Nur ein Flügel ging jedoch seiner Vollendung entgegen, die südöstlich den Heldenplatz umgebende **Neue Hofburg.** Sie nimmt heute Teile der österreichischen Nationalbibliothek, das Museum für Völkerkunde und Sammlungen des Kunsthistorischen Museums (alte Musikinstrumente, Ephesos-Museum, Handschriften- und Kartensammlung) auf.

Von den zahlreichen Burghöfen ist der **Innere Burghof** durch sein **Kaiser-Franz-Denkmal** besonders sehenswert. Es wurde 1842–1846 vom Bildhauer Marchesi gegossen und stellt den ersten österreichischen Kaiser Franz I. (Franz II., römisch-deutscher Kaiser 1768–1835) auf einem achteckigen Pfeiler dar. Am Pfeiler sind Reliefs vorhanden, die einzelne Berufsstände bei ihrer Arbeit wiedergeben. Das Standbild wird von vier Figuren umgeben, die die Eigenschaften des Kaisers darstellen: Stärke, Gerechtigkeit, Friede und Glaube.

Unser Stadtrundgang führt uns vom Michaelerplatz durch das Michaelertor (Eingang zu den Führungen) auf den Platz in der Burg mit dem Kaiser-Franz-Denkmal und durch das Löweltor zwischen Amalienburg und Leopoldinischem Trakt hinaus auf den Ballhausplatz.

BALLHAUSPLATZ

Im Jahre 1754 wich das ehemalige Kaiserspital einem sogenannten Ballhaus (das für spanische Ballspiele konzipiert war), das auf Betreiben Ferdinand I. errichtet wurde. Obwohl diese Baulichkeit im 19. Jahrhundert abgerissen wurde, blieb dem davorliegenden Platz dieser Name.

Die »Geheime Hofkanzlei«, in der sich heute die Bundesregierung und das Bundeskanzleramt befinden, wurde 1719 von Johann Lukas Hildebrandt fertiggestellt. Von diesem Bau ist noch heute die zur Hofburg hin gerichtete Fassade unverändert erhalten geblieben. Erweiterungen erfolgten 1766 und 1881. Bei der Vergrößerung um 1900 wurde das angrenzende Minoritenkloster geschliffen.

MINORITENPLATZ

Hinter dem Bundeskanzleramt gelangt man durch ein Gäßchen auf den Minoritenplatz. Dieser ist einerseits durch das **Palais Starhemberg** (Sitz des Bundesministeriums für Wissenschaft und Forschung, Unterricht und Kunst) mit seiner reich gegliederten Fassade aus dem 17. Jahrhundert geprägt, andererseits durch die **Minoritenkirche.**

MINORITENKIRCHE

Die 1224 nach Wien gekommenen Minoriten erbauten dieses Gotteshaus um das Jahr 1340. Seit Ende des 18. Jahrhunderts ist es italienische Nationalkirche »Maria Schnee«. Diese Namensgebung geht auf das von Christoph Unterberger 1785 geschaffene Gemälde zurück, welches das in Rom in der Kirche Santa Maria Maggiore verehrte Original zum Vorbild hat. Sehenswert ist das aus der Gründerzeit stammende Hauptportal (1350), dessen Konzeption den französischen Einfluß nicht leugnen kann. Auf der linken Seite des Kirchenschiffs befindet sich eine detailgetreue Kopie des Abendmahls von Leonardo da Vinci, die von Giacomo Raffaele 1814 als Mosaikdarstellung gefertigt wurde.

Von der Minoritenkirche kehrt man über den Minoritenplatz wieder zum Volksgarten zurück.

VOLKSGARTEN – KAISERIN-ELISABETH-DENKMAL

Der vorgeschlagene Stadtrundgang führt nun durch den Volksgarten am Kaiserin-Elisabeth-Denkmal vorbei. Kaiserin Elisabeth (1837–1898) war die schöne Gemahlin Kaiser Franz Joseph I., die 1898 in Genf ermordet wurde. Das 1907 von H. Bitterlich aus Marmor gehauene Denkmal stellt die Kaiserin sitzend dar, flankiert von zwei Hunden, denn sie war Hundeliebhaberin.

Der Volksgarten wurde nach den Franzosenkriegen 1823 gestaltet. Die Mitte wird vom einfachen dorischen Bau des Theseustempels eingenommen (von Pietro Nobile 1820–1823), der die Theseus- und Centaurengruppe aufnehmen sollte, die sich heute (seit 1890) im Kunsthistorischen Museum befindet. – Im Südabschnitt des Volksgartens befindet sich das 1889 enthüllte Denkmal des großen österreichischen Dichters Franz Grillparzer (1791–1872) mit sechs Reliefdarstellungen aus seinen Werken. – Daneben, im Cortischen Kaffeehaus (ebenfalls von P. Nobile, 1823) musizierten das Straußorchester und Josef Lanner. Durch den nördlichen Ausgang tritt man vor das Burgtheater heraus.

Burgtheater

BURGTHEATER

Das 1874 bis 1888 von Carl Hasenauer und Gottfried Semper geplante und ausgeführte Theater zählt noch heute zu den berühmtesten Sprechbühnen Europas. Wegen seiner Renaissancefassade gehört es weiters zu den interessantesten Bauten entlang des Ringes. Die Reliefs, Apollo und die Musen, sowie einen 18 Meter langen Bacchantenzug darstellend, werden ergänzt durch überlebensgroße Büsten der bekanntesten Dramatiker und Dichter (von links nach rechts: Calderon, Shakespeare, Molière, Goethe, Schiller, Lessing, Halm, Grillparzer und Hebbel). Die beiden, im nördlichen und südlichen Seitentrakt liegenden **Feststiegen** blieben von der Zerstörung während des 2. Weltkrieges verschont. Die Deckengemälde stammen unter anderem von Ernst und Gustav Klimt.

RINGSTRASSE

Die etwa vier Kilometer lange und fast 60 Meter breite Ringstraße, die den Altstadtkern Wiens umschließt, wurde ab der Mitte des 19. Jahrhunderts unter Kaiser Franz Joseph I. (1858–1865) angelegt. Die einzelnen Straßenabschnitte werden wie folgt bezeichnet: Schottenring, Dr.-Karl-Lueger-Ring, Dr. Karl Renner-Ring, Burgring, Opernring, Kärntner Ring, Schubertring, Parkring, Stubenring. Die alten Festungsanlagen (Basteien) wurden damals geschliffen, die Stadtgräben zugeschüttet und auf dem so gewonnenen Areal Prunkbauten errichtet. Bauherren waren Persönlichkeiten des Großbürgertums und des Adels und der Hof. Obwohl die Gebäude unterschiedliche Stilrichtungen zum Vorbild haben, können sie aufgrund ihrer Bauzeit dem sogenannten **»Ringstraßenstil«** zugeordnet werden.
Überquert man beim Burgtheater den Dr.-Karl-Lueger-Ring, so gelangt man durch den Rathauspark direkt zum Rathaus.

RATHAUS

Der **Rathauspark** wurde im Zuge des Ringstraßenbaus 1873 von Rudolf Sieböck geplant und zählt aufgrund der ihn umgebenden Baulichkeiten (Universität, Rathaus, Parlament und Burgtheater), die unterschiedliche architektonische Gestaltung aufweisen, zu den schönsten Parkanlagen Wiens. Im Park befinden sich zahlreiche Denkmäler bekannter Künstler, Politiker und Wissenschaftler wie Waldmüller, Mach, Salm, Strauß, Lanner, Renner, Fischer von Erlach u. a. Sowohl im Nord- als auch im Südteil wurde ein Springbrunnen in die Parkanlage integriert. Die 1906 von Dr. Karl Lueger (1897–1910 Bürgermeister von Wien) gepflanzte Eiche und die 1898 von Kaiser Franz Joseph I. gesetzte Linde sind Naturdenkmäler.

Das **Rathaus** wurde 1872 bis 1883 vom Dombaumeister Friedrich Schmidt im neugotischen Stil gestaltet. Die reich gegliederte, in die Höhe strebende Fassade wird vom 98 Meter hohen Mittelturm überragt. Auf seiner Spitze erhebt sich der aus Kupfer getriebene »**Rathausmann**« (Wahrzeichen, 3,4 m hoch). – Durch den westseitigen Eingang vom Friedrich-Schmidt-Platz betritt man die allgemein zugängliche Schmidthalle, von wo die Rathausführung ihren Ausgang nimmt (Besichtigung des Festsaals, Stadtsenatssaal und Gemeinderatssitzungs-

Rathaus

Parlament

saal, sowie Turmbesteigung; Montag bis Freitag, 11.00 Uhr). Frei zugänglich sind der Arkadenhof (im Sommer Konzertveranstaltungen) und die Feststiegen. Beachtenswert ist der **Stadtsenatssaal** mit seinen in Seidendamast ausgelegten Wänden und der großen Holzkassettendecke.
Durch den Südteil des Rathausparkes gelangt man zum Parlament.

PARLAMENT

Mit dem Parlamentsbau krönte der in Kopenhagen geborene Architekt Theophil von Hansen seine Bautätigkeit entlang der Ringstraße (Börse, Musikverein, Akademie der bildenden Künste). Es gelang ihm, den hellenistischen Stil in sein neoklassizistisches Konzept aufzunehmen. An die griechischen Vorbilder erinnern die mächtigen korinthischen Säulen, die Statuen und Skulpturen. Hervorzuheben ist die **Pallas Athene,** flankiert von zwei auf Delphinen reitenden Knaben und die vier Gestalten, welche die Flüsse Donau und Inn (vorne), Elbe und Moldau darstellen.
Bis zum Jahr 1918 war das Parlament Sitz des Reichsrates, ab diesem Zeitpunkt tagt dort der National- und Bundesrat. Die Rampenauffahrt wird von Statuen römischer und griechischer Dichter geziert. Auch die sich in den Nischen der Prunktreppe befindlichen griechischen Götterskulpturen stellen die gedankliche Verbindung zu Griechenland, der Wiege europäischer Demokratie, her. Wenn keine Sitzungen stattfinden, kann man sich einer der Führungen anschließen, die stündlich von 10.00 bis 16.00 Uhr abgehalten werden (nur im Sommer).
Folgt man der Ringstraße weiter, so gelangt man nach wenigen Minuten auf den Maria Theresien-Platz mit dem Kunsthistorischen und Naturhistorischen Museum.

23

Maria-Theresien-Denkmal mit Naturhistorischem Museum

MARIA-THERESIEN-DENKMAL

Dieses monumentale, 19,4 Meter hohe Denkmal befindet sich im Zentrum des gleichnamigen Platzes zwischen den beiden Museen. Von den vier Reiterstatuen der Feldherren der Kaiserin umgeben, thront Maria Theresia über der Elite ihres Reiches, bestehend aus der Prominenz der Kultur, des Militärs und der Politik. Die vier allegorischen Statuen zu Füßen der Kaiserin versinnbilden Milde, Weisheit, Kraft und Gerechtigkeit.

NATURHISTORISCHES MUSEUM

Das Naturhistorische Museum gehört zusammen mit dem südlich gegenüberliegenden Kunsthistorischen Museum zu dem vom Architekten Gottfried Semper geplanten »Kaiserforum« (Hofburg, Neue Burg, Museen). Die Innenarchitektur stammt von Carl Hasenauer. In dem viergeschossigen Gebäude, das seine Hauptfront dem Maria-Theresien-Platz zuwendet, sind acht Abteilungen untergebracht: Hochparterre: Mineralogie-Petrographie (mit Meteoritensammlung, Juwelenbouquet Maria Theresias, Riesentopas), Geologie-Paläontologie, Prähistorie (Funde aus der Hallstattzeit und die »Venus von Willendorf«) und Anthropologie. 1. Stock: Botanik (mit der Sammlung »Wiener Herbarium«), Zoologie.

Öffnungszeiten: Montag, Mittwoch bis Sonntag, 9−13 Uhr, Führung: Sonntag, 10.30 Uhr.

KUNSTHISTORISCHES MUSEUM

Das Kunsthistorische Museum zählt zu den bedeutendsten Gemälde-galerien der Welt (Steinschneidekunst, Kultstätte des Prinzen Kanini-sut, größte Sammlung von Gemälden Pieter Brueghels). Westtrakt: griechische und etruskische Kunst, Ägyptische Sammlung. Osttrakt: Plastik und Kunstgewerbe (Uhren und Goldschmiedekunst). Mittel-trakt: Meister der Niederländischen Schule, Sammlung Pieter Brueg-hel, van Dyck, Peter Paul Rubens, Cranach, Rembrandt. 1. Stock: Ge-mäldegalerie (u. a. Tizian, Tintoretto, Veronese, Raffael). 2. Stock: Münzsammlung, Ambraser Portraitsammlung.
Südwestlich an den Maria-Theresien-Platz anschließend bildet der Messepalast die lange Gebäudefront hinter dem Messeplatz.

MESSEPALAST

In den Jahren 1719 bis 1725 wurde dieser großzügige Bau von Johann Bernhard Fischer von Erlach und seinem Sohn Joseph Emanuel als kai-serlicher Hofstall errichtet, der 600 Pferde aufnehmen sollte. Nach dem Umbau 1850 durch den Ringstraßenarchitekten Carl Hasenauer um-faßte der Hofstall weitere Trakte. Nach dem Ersten Weltkrieg findet der Hofstall als Messepalast Verwendung.
Vom Kunsthistorischen Museum benützen wir die Babenberger Pas-sage über den Ring zum Burggarten.

MOZART-DENKMAL

Im Andenken an den großen Musiker Wolfgang Amadeus Mozart, der 1756 in Salzburg geboren und 1791 in Wien bestattet wurde, schuf Vik-tor Tilgner 1886 dieses Standbild, das vorerst bei der Oper aufgestellt wurde. Nach dem Zweiten Weltkrieg erhielt das Denkmal seinen Platz im Burggarten. Mozart übersiedelte 1779 nach Wien, wo er Constanze Weber ehelichte und seine größten Bühnenwerke zur Aufführung ge-langten.

KAISER-FRANZ-JOSEPH-DENKMAL

Kaiser Franz Joseph I. (1830–1916) lenkte ab 1848 als Kaiser von Öster-reich (1867 auch über Ungarn) die Geschicke der Doppelmonarchie Österreich-Ungarns. Das Denkmal wurde 1957 enthüllt und zeigt eine vortreffliche Arbeit des Bildhauers Klimbusch, der für die Plastik 600 kg Bronze benötigte.

ABRAHAM-A-SANTA-CLARA-DENKMAL

Abraham a Santa Clara, mit bürgerlichem Namen Hans Ulrich Megerle, war ab 1677 Augustinerprediger, der durch seine volkstümlich-derbe Ausdrucksweise die Zustände seiner Tage anprangerte. Zusammen mit der legendenhaften Figur des »lieben Augustin« ist er einer der bekann-testen Persönlichkeiten im Pestjahr 1679 und während der zweiten tür-kischen Belagerung 1683. Das am Ausgang des Burggartens errichtete Denkmal wurde von H. Schwathe gehauen.
Von der Ostecke des Burggartens sind wenige Schritte bis zum Al-bertinaplatz, der rechts von der Staatsoper begrenzt wird. Zur Linken sieht man den **Danubius-Brunnen** auf der ehemaligen Augustinerba-stei. Der anschließende Gebäudekomplex ist über die Albertina und die Augustinerkirche mit der Hofburg verbunden.

STAATSOPER

Ursprünglich von Eduard van der Nüll und August Sicard von Sicardsburg (Innenarchitektur) als Hofoper 1861−1869 errichtet, wurde sie als erste der Ringstraßenbauten fertiggestellt und am 25. 5. 1869 mit Mozarts Oper Don Giovanni eröffnet. Die Szenarios aus der Zauberflöte in der **Loggia** stammen von Moritz von Schwindt. Nach den völligen Zerstörung im Zweiten Weltkrieg wurde die Oper nach altem Vorbild von Erich Boltenstern erneuert und am 5. 11. 1955 mit Fidelio (von Ludwig van Beethoven) eröffnet. Das Opernhaus umfaßt 2210 Plätze und ist Stammhaus der weltbekannten Wiener Philharmoniker und des Staatsopernballetts. Ein interessantes bauliches Detail ist die überdachte Durchfahrt auf der Ringstraßenseite. Das größte jährliche gesellschaftliche Ereignis, der Opernball, findet im Februar statt.

ALBERTINA

Das 1781 als Palais für den portugiesischen Grafen Taroucca errichtete Gebäude wurde 1801−1804 vom Schwiegersohn der Kaiserin Maria Theresia, dem Herzog Albert von Sachsen-Teschen erweitert und nach ihm »Albertina« benannt. Herzog Albert gilt als Gründer dieser größten **Graphiksammlung** der Welt, die neben Aquarellen ca. 40.000 Zeichnungen von Dürer, van Dyck, Rubens, Brueghel d. Ä. u. a. umfaßt. In der Albertina sind in weiteren Abteilungen Holzschnitte aus dem 15. Jahrhundert, ein Goethemuseum, Musiksammlung und Filmmuseum eingerichtet. Die Papyrussammlung zählt ebenfalls zu den Kostbarkeiten dieser Galerie. Im spätklassizistischen **Hauptsaal** der graphischen Sammlung sind die neun Marmorstatuen, die Musen darstellend, sehenswert. Vor dem Gebäude erhebt sich auf der Albrechtsrampe (nach dem Gouverneur in Ungarn 1851−1860 benannt) das **Erzherzog Albrecht-Denkmal**, ein Reiterstandbild vom Bildhauer Zumbusch. Anschließend an die Albertina befindet sich die Augustinerkirche.

AUGUSTINERKIRCHE

Herzog Friedrich der Schöne veranlaßte 1327 den Bau dieser hohen, gotischen Hallenkirche, die in den Jahren 1330 bis 1339 errichtet wurde. Ab 1634 war das Gotteshaus Hofpfarrkirche und 1652 wurde der Turm fertiggestellt. Kaiser Joseph II. ließ die inzwischen mit barockem Stuckwerk ausgestattete Kirche regotisieren. Die Augustinerkirche birgt in der Herzgrüftelkammer 54 Urnen mit den Herzen der Habsburger. − 1810 fand hier die Hochzeit zwischen Maria Louise und Napoleon statt. Auf ihrer Kanzel predigte Abraham a Santa Clara. Bemerkenswert ist das Grabmal der Erzherzogin Maria Christine (Tochter Maria Theresias), das von 1798−1805 von A. Canova gestaltet wurde. Auf ihre Veranlassung wurde die 1. Wiener Wasserleitung, die »Albertinische Wasserleitung« geplant. − **Georgskapelle** (1337).
Von der Augustinerkirche kehrt man auf die Höhe der Albertina zurück und wendet sich nördlich dem Palais Lobkowitz zu.

PALAIS LOBKOWITZ

Das langgestreckte Palais wurde Ende des 17. Jahrhunderts gebaut und erhielt seine Fassadengestaltung von Johann Bernhard Fischer von Erlach. Im 19. Jahrhundert trafen sich hier Persönlichkeiten der gehobenen Gesellschaftsschicht und feierten Künstler aus Dichtung und Musik. 1803 gelangte die 3. Sinfonie Ludwig van Beethovens, die

»Eroica«, in diesem Palais zur Uraufführung. Seit 1945 ist das französische Kulturinstitut in den Räumlichkeiten des Palais Lobkowitz untergebracht.
Durch die gegenüberliegende Gluckstraße kommt man zur Kapuzinerkirche.

KAPUZINERKIRCHE – KAPUZINERGRUFT

Kaiser Matthias und Kaiserin Anna stifteten 1622 diese Kirche, der ein Kloster angeschlossen ist. Die heutige Fassade wurde 1936 nach altem Vorbild wiederhergestellt. Die seit dem 17. Jahrhundert mehrmals erweiterte Gruft bietet 138 Särgen mit den Gebeinen der Herrscher aus der Habsburgerdynastie Platz, die in 10 unterirdisch gelegenen Räumen bestattet sind. Berühmtestes Grabmal ist der Doppelsarkophag der Kaiserin Maria Theresia und ihres Gatten Kaiser Franz-Stephan von Lothringen, das von Balthasar Ferdinand Moll gestaltet wurde. Sehenswert ist auch die Kaiserkrone von Karl VI., die einer Totenkopfnachbildung aufgesetzt ist. Als letzter Kaiser wurde 1916 Franz Joseph I. hier beigesetzt.
Von der Kapuzinerkirche führt der Stadtrundgang über den Neuen Markt am **Providentiabrunnen** (von Georg Raphael Donner 1737–1739) vorbei zur Fußgängerzone der bereits 1257 urkundlich genannten Kärntnerstraße und zurück zum Stephansplatz.

WIEN-INNENSTADT

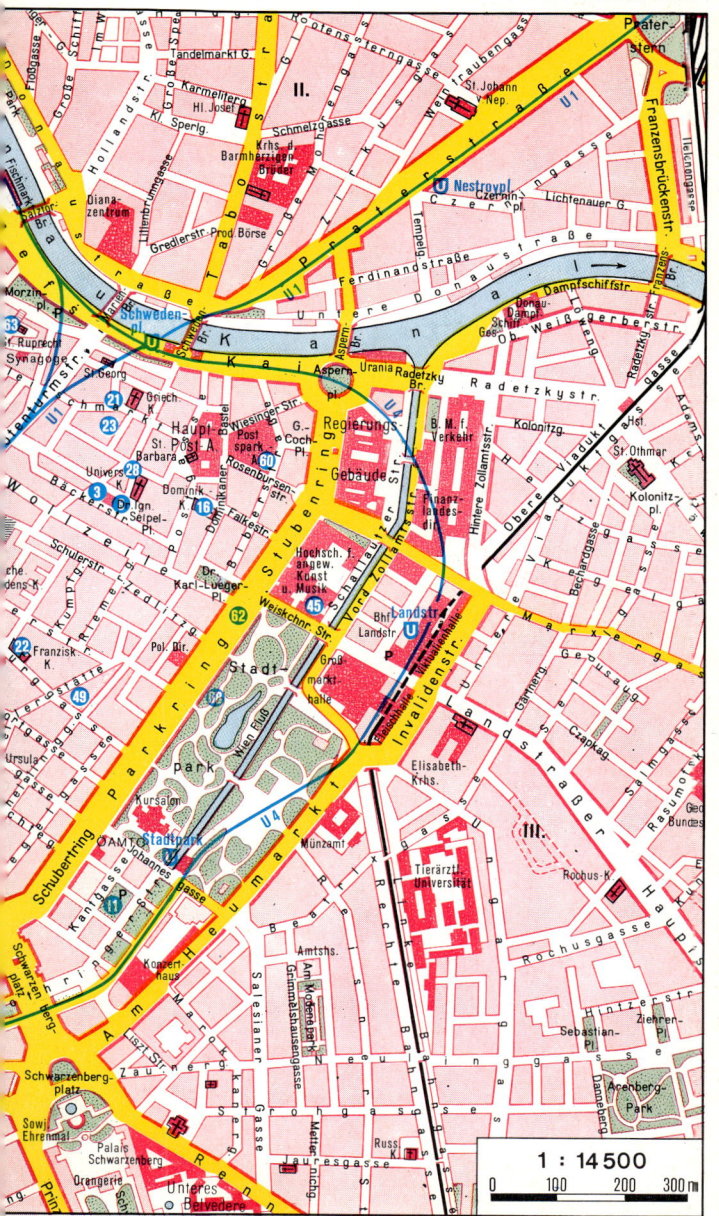

1 : 14 500

0   100   200   300 m

SEHENSWÜRDIGKEITEN IM I. BEZIRK

Nachstehende beachtenswerte Objekte sind mit fortlaufenden Nummern versehen, die das Auffinden der entsprechenden Lokalität am Stadtplan (Seite 28/29) erleichtern sollen.

ABRAHAM-A-SANTA-CLARA-DENKMAL ❶

Siehe Stadtrundgang Seite 25.

AKADEMIE DER BILDENDEN KÜNSTE ❷

Das Gebäude wurde in den Jahren 1872—1876 vom bekannten Ringstraßenarchitekten Theophil von Hansen erbaut. Der Eingang zur Gemäldegalerie und zu den Graphiken erfolgt vom Schillerplatz. Sehenswert ist die Aula mit den roten Marmorsäulen, die von einem Deckengemälde von A. Feuerbach gekrönt wird. Seit 1876 ist in den Räumlichkeiten eine Gemäldegalerie untergebracht, die neben italienischer (Tizian), niederländischer (Rembrandt, Rubens) und deutscher Malerei (Cranach) das **Kupferstichkabinett** beherbergt. Unter den 70.000 Drukken aus dem 15. bis 20. Jahrhundert sind die Dürerstiche besonders hervorzuheben.

AKADEMIE DER WISSENSCHAFTEN ❸

Siehe Alte Universität.

ALBERTINA ❹

Siehe Stadtrundgang Seite 26.

ALTES RATHAUS ❺

Nachdem Wien 1221 die Stadtrechte zugesprochen worden waren, erhielt die Stadt ein Rathaus, dessen erster Standort allerdings unbekannt ist. Nach einer Auseinandersetzung beschlagnahmte der Fürst Friedrich der Schöne das Haus der Familie Haymo und übergab es 1316 der Stadt Wien, für die es bis zur zweiten Türkenbelagerung 1683 als Rathaus diente. Bei der Betrachtung der Fassadengliederung bemerkt man eine gewisse Ähnlichkeit mit dem Stil Fischer von Erlachs; der Erbauer ist allerdings unbekannt. Sehenswert ist der 1741 von Georg Raphael Donner gegossene Andromedabrunnen, der sich im Hof des Alten Rathauses befindet.

ALTE UNIVERSITÄT ❻

Von Rudolf dem Stifter 1365 gegründet, wurde auf Veranlassung Papst Urban VI. hin eine theologische Fakultät eingerichtet. Während des 17. Jahrhunderts übernahmen die Jesuiten die Leitung der Universität und schlossen ihr ein Seminar und eine Kirche an (siehe Jesuitenkirche). Das 1753—1755 an Stelle der juridischen Fakultät erbaute Gebäude spiegelt den Stil französischer Rokokopaläste wider. Die durch Fratzen, allegorische Darstellungen und Wandbrunnen aufgelockerte Fassade findet in dem prachtvollen Rokoko-Festsaal ihr Gegenstück und ist als Aula der Alten Universität eine erstrangige Sehenswürdigkeit Wiens. In diesem Gebäude erfolgte 1857 die Gründung der Akademie der Wissenschaften. Die Deckenfresken der Aula wurden 1755 von Pietro Metastasio angefertigt und zeigen die vier Fakultäten (Jus, Medizin, Theologie und Philosophie).

AM HOF – MARIENSÄULE   **❼**

Der Platz Am Hof wurde im 11. Jahrhundert zwischen den römischen Mauern und den mittelalterlichen Befestigungsanlagen als Teil der Pfalz der Babenberger (ab 1135) geschaffen, wo ab 1156 der österreichische Herzog residierte. Der Platz diente vorerst dem Abhalten höfischer Festlichkeiten, später fand er Verwendung als Marktplatz, Christkindlmarkt und heute trifft man sich am Wochenende beim Flohmarkt. Als am Ende des 30jährigen Krieges der Vormarsch der schwedischen Heere gebannt war, ließ Kaiser Ferdinand III. 1644 die Mariensäule errichten. Dabei nahm sich der Künstler Johann Jakob Pock die Mariensäule in München zum Vorbild. Schon 1667 wich die erste Säule einer Neubildung aus Bronze (von Balthasar Herold). Die Säule wird von Putten umgeben, die sich im Kampf gegen Hunger, Ketzerei, Pest und Krieg stellen.

ANNAKIRCHE   **❽**

Auf den Grundmauern einer seit 1320 bestehenden Kapelle wurde eine Kirche im Renaissancestil errichtet, die 1715 von den Jesuiten barockisiert wurde. Seit dem 18. Jahrhundert werden in der Annakirche französische Gottesdienste abgehalten. In der angebauten Franz-Xaver-Kapelle ist das Schmuckstück der Kirche, die Holzgruppe »Anna selbdritt« aufbewahrt, die aus dem Jahr 1510 stammt. Alljährlich am 26. Juli wird zu Ehren der hl. Anna das Annenfest gefeiert und die barockisierte rechte Hand der Anna als Reliquie verehrt.

AUGUSTINERKIRCHE – GEORGSKAPELLE   **❾**

Siehe Stadtrundgang Seite 26.

BALLHAUSPLATZ   **❿**

Siehe Stadtrundgang Seite 20.

BEETHOVEN-DENKMAL   **⓫**

Die 1880 im Zuge der Ringstraßengestaltung von Caspar Zumbusch geschaffene sitzende Gestalt Beethovens ist eine der gelungensten Bronzedarstellungen des deutschen Bildhauers (Westfalen 1830 – Bayern 1915). Außer diesem Kunstwerk zeichnet er noch für das Radetzky-Denkmal (1892), Erzherzog Albrecht-Denkmal (1899) und Maria-Theresien-Denkmal (1888) verantwortlich. – Ludwig van Beethoven (Bonn 1770 – Wien 1827) zählt auf Grund seiner 9 Sinfonien, der Oper Fidelio und zahlreicher kammermusikalischer Werke zu den wichtigsten Vertretern der Wiener Klassik. Weitere Beethoven-Gedenkstätten sind das Haus in Heiligenstadt (Probusgasse 6 und Pfarrplatz 2; dort entstand das sogenannte »Heiligenstädter Testament«) und die Wohnung in der Mölkerbastei Nr. 8.

BÖRSE   **⓬**

An die römische Architektur erinnert dieser im Ringstraßenstil gestaltete Bau des bekannten Theophil von Hansen (1874). Am Börsenplatz sind als Plastik Zeus und Neptun, am Schottenring »Neptun im Wagen« erhalten. Leider wurde der mit einer ausladenden Kassettendecke versehene Saal 1956 beim Brand der Börse zerstört und dient heute als Innenhof.

Böhmische Hofkanzlei

BÖHMISCHE HOFKANZLEI ⑩

In diesem Bauwerk fand der Baumeister Johann Bernhard Fischer von Erlach zu einer gelungenen Symbiose zwischen französischem und italienischem Hochbarock (Fassade Wipplingerstraße, 1708–1714 erbaut). In den 1750er Jahren wurde das Gebäude auf das von vier Straßen eingefaßte Areal erweitert. 1946–1951 kam es zum Umbau und zur Umgestaltung, so daß heute eine Fußgängerpassage entlang der Wipplingerstraße besteht. Die ehemalige Böhmische Hofkanzlei nimmt heute den Verfassungs- und Verwaltungsgerichtshof auf.

BURGTHEATER ⑭

Siehe Stadtrundgang Seite 21.

DEUTSCHORDENSKIRCHE ⑮

Das Deutschordenshaus (vom gleichnamigen Orden im 13. Jahrhundert gegründet) befindet sich am Stephansplatz neben der eigens für den Dombau errichteten ehemaligen Steinmetzhütte. Im Deutschordenshaus wohnten 1781 W. A. Mozart und 1865 J. Brahms.
Die Kapelle ist bereits 1222 urkundlich genannt worden und erhielt 1722 seine gotische Ausgestaltung. Bekannt wurde das Gotteshaus durch diese detaillierte nachgotische Umformung, wobei die Formen des alten Baukörpers beibehalten wurden. Im Innern stammt das Hochaltarbild »Maria mit Kind« von Tobias Pock (1668) und der Flügelaltar aus der Danziger Marienkirche (1520).

DOMINIKANERKIRCHE

Bereits nach elfjähriger Anwesenheit in Wien errichteten die Dominikaner auf einem ihnen von Herzog Leopold VI. zugewiesenen Grundstück am Stubentor eine Kirche, die 1237 geweiht, 1283–1302 entscheidend erweitert wurde. Nach den Türkenkriegen erfolgte abermals eine Restaurierung. Im Zuge der Erweiterung des Dominikanerplatzes wurde das Eingangsportal und seine Fassade abgetragen und durch eine Treppenanlage ersetzt. Heute bietet sich das Bauwerk im römisch beeinflußten Frühbarock dar, mit filigranen Stukkaturen im Langhaus, wobei den Statuen des Albertus Magnus und Thomas von Aquin besondere Bedeutung zukommen. Die Kirche dient ferner dem Andenken an spanische und südamerikanische Missionare. Der Hochaltar wurde 1840 von C. Rösner in Anlehnung an spanische Vorbilder hergestellt.

DOROTHEUM

An der Stelle, wo bis 1787 die der hl. Dorothea geweihte Kirche stand wurde unter Verwendung der Mauern das städtische »Versatz- und Fragmat« eingerichtet. Seit 1788 nimmt das Gebäude also das Leih- und Pfandhaus auf und diente ferner der Information für die Bewohner Wiens (Fragamt). Bis zum Jahre 1901 wurde das Gebäude unter Emil von Förster umgestaltet und dient heute noch als Dorotheum. Weltbekannt wurden die Wiener Kunstauktionen, die hier in regelmäßigen Abständen stattfinden.

ERZBISCHÖFLICHES PALAIS

Das Erzbischöfliche Palais wurde als Propsthof im damaligen Pfarrhof der Kirche St. Stephan um das Jahr 1276 erbaut (heute Rotenturmstraße 2). Seit 1723 befindet sich dort der Amtssitz der Bischöfe und Erzbischöfe Wiens. Die heutige Gebäudegestaltung geht auf Pläne von Giovanni Coccapani (1632–1641) zurück, die Stukkos wurden im Jahre 1716 angefertigt. Vom Stephansplatz aus ist an der Fassade noch der gotische Chor der Kapelle erkennbar, die 1638 im barocken Stil umgebaut wurde. – Im Erzbischöflichen Palais ist das Dom- und Diözesanmuseum untergebracht (Eingang: Stephansplatz 6), das außer kunstgewerblichen Gegenständen und mittelalterlichen Gewändern noch Tafelbilder und Portraits (z. B. von Herzog Rudolf IV., des Stifters) enthält.

EVANGELISCHE KIRCHEN

Gegenüber vom Dorotheum befinden sich die beiden evangelischen Kirchen Augsburger und Helvetischen Bekenntnisses. Die evangelisch-reformierte Kirche (H. B.) wurde 1783/84 von Gottlieb Nigelli erbaut und 1887 mit einer neubarocken Fassade versehen. Im Pfarrhof sind noch Teile des Königinklosters (1583) erhalten.
Die ehemalige Klosterkirche der Klarissinnen (Dorotheergasse 18, Königinkloster) wurde 1782, wie viele andere Klöster, im Zuge des Toleranzpatents von Kaiser Joseph II. aufgehoben und fand für kurze Zeit als Palais Verwendung. Seit 1783 ist es im Besitz der evangelischen Kirche A. B. und ist somit auch die älteste evangelische Kirche Wiens. Die heute der Dorotheergasse zugekehrte Hauptfassade war bis 1876 Chor des Gotteshauses. Das Kircheninnere wird durch den Renaissancestil geprägt. Für das Hochaltarbild nahm Franz Linder (1783) das Gemälde »Kreuzigung« von van Dyck als Vorbild.

FINANZMINISTERIUM   **㉖**

Das im ehemaligen Stadtpalais des Prinzen Eugen von Savoyen (1663–1736) untergebrachte Finanzministerium wurde 1697–1698 nach Plänen von Johann Bernhard Fischer von Erlach erbaut. Ab 1702 ergänzte Johann Lukas von Hildebrandt die West- und Ostachsen. Die Innenausgestaltung erfolgte in großen Zügen nach Plänen von Claude Le Fort du Plessy (1707). Die eindrucksvolle, mit Schmiedeeisengittern und Darstellungen des Herkules, Atlanten und einem Reliefportrait Prinz Eugens versehene Stiege wird von drei großartigen Deckengemälden überragt. Diese stellen den Sturz des Ikarus, Fama und Apollos dar. Unter den Prunkräumen im 1. Stock ist das sogenannte Goldkabinett mit seinem reichen barocken Stuckwerk sehenswert. – Nach dem Ableben des Prinzen Eugen 1736 gelangte das Gebäude 1752 in Staatsbesitz und dient seit 1848 als Finanzministerium.

FLEISCHMARKT   **㉑**

Schon 1220 wird der »carnifices Wiennensis« genannt, der als ältester Fleischmarkt und zugleich als frühester Sitz der Fleischerinnung (ab 1330) gilt. Im Zusammenhang mit dem Fleischmarkt wurden auch aus dem Mittelmeerraum herbeigebrachte Waren feilgeboten. So mancher Händler, der vom Balkan nach Wien kam, wurde hier seßhaft. Heute zeugt das **»Griechenbeisl«** (ab dem 18. Jahrhundert so bezeichnet) von ähnlicher Vergangenheit. Hier verkehrte der »liebe Augustin«, später waren Künstler wie Strauß, Wagner, Grillparzer und Nestroy Stammgäste. Im ausgehenden Mittelalter erhielt der Fleischmarkt seine bauliche Note durch die zahlreichen Patrizierhäuser. Im Barock erfuhren die meisten Gebäude Umgestaltungen und Erweiterungen. Der Fleischmarkt zählte zu den Nobelvierteln Wiens. Heute wird er von studentischem Leben erfüllt, die hier in Universitätsnähe in Studentenheimen wohnen.

FRANZISKANERKIRCHE   **㉒**

Auf den Fundamenten des aus dem 14. Jahrhundert stammenden Büßerinnenklosters wurde von 1603 bis 1614 die Franziskanerkirche erbaut. Ihr wurde 1616 bis 1621 ein Kloster angeschlossen. Der bereits gotischen Einflüssen unterworfene Baustil erinnert jedoch in großen Zügen an die süddeutsche Renaissance. Bemerkenswert ist der 1707 von Andrea Ponzo in Form eines Triumphbogens gestaltete Hochaltar, auf dem eine böhmische Holzmadonna mit Kind (1500) steht. Mehrere Barockmaler schufen die Gemälde auf den Seitenaltären (Martin Johann Schmidt). An der Nordseite wurde im 17. Jahrhundert das Franziskanerkloster angebaut.

Von Johann Martin Fischer stammt der Moses-Brunnen auf dem Franziskanerplatz. Er stellt den Führer der Israeliten dar, als er nach dem Durchzug durch das Rote Meer den Felsen berührte, aus dem dann Wasser sprudelte.

HEILIGENKREUZER HOF   **㉓**

Ein zierliches Türmchen in der Schönlaterngasse, einem der ältesten Stadtteile Wiens, macht den Besucher auf den Heiligenkreuzer Hof aufmerksam, der sich aus mehreren Baulichkeiten, die bis in das 12. Jahrhundert zurückreichen, zusammensetzt. Das Stift Heiligenkreuz ließ unter Abt Clemens Schäffer die Kapelle des hl. Bernhard 1662

Erzherzog Karl Denkmal mit Hofburg

erbauen und faßte die bestehenden Gebäude zu einem Mietshaus zu-
sammen. Hier wohnten u. a. der Maler Altomonte und der Gründer des
Wiener Tierschutzvereins Ignaz Castelli. Heute sind das Portal, die mit
Zopfmustern versehenen Fenster und der Arkadenhof besondere
Blickpunkte.

HELDENPLATZ ㉔

Die Anlage des Heldenplatzes geht auf den Entschluß zurück, nach dem
Abzug der Franzosen 1809 die Reste der gesprengten Burgbastei abzu-
tragen und vor der Hofburg einen großzügig angelegten Platz zu schaffen. Zum Ring sollte ein neues Burgtor errichtet werden, das an die be-
deutungsvolle Völkerschlacht bei Leipzig (1813) erinnern sollte. Ab
1934 dient es als Heldendenkmal des Ersten Weltkrieges. Im Rahmen
der Neugestaltung der Umgebung der Hofburg wurden 1818–1823 sowohl im Volksgarten als auch im Burggarten Denkmäler enthüllt. Am
Heldenplatz ist das Reiterstandbild **Erzherzog Carls** bedeutungsvoll,
der 1809 in der Schlacht bei Aspern Napoleon besiegte. Bei der Neuen
Burg lenkt das **Prinz-Eugen-Denkmal** (1865) die Aufmerksamkeit auf
sich.

HOFBURG – BURGKAPELLE ㉕
Siehe Stadtrundgang Seite 17.

HOFMUSEEN ㉖
Siehe Kunsthistorisches und Naturhistorisches Museum Stadtrundgang Seiten 24 und 25.

HOHER MARKT – JOSEPHSBRUNNEN

Bereits in römischer Zeit war das Areal am Hohen Markt Zentrum der civitas Vindobona, wo Marc Aurel residierte. Die Entwicklung des Hohen Marktes schloß den Kienmarkt und die Ruprechtskirche mit ein. In der näheren Umgebung wurden die Handwerkszünfte seßhaft und 1325 baute man das Gerichtsgebäude, »Schranne« genannt. Der Markt wurde Mittelpunkt der Fischverkäufer, für die im 16. Jahrhundert der erste Wasserleitung (damals noch in Holzrohren) Wiens verlegt wurde. Im 15. und 16. Jahrhundert verlegte man den Sitz des Bürgermeisters an den Hohen Markt. Im Jahre 1911 schuf der Künstler Franz von Matsch eine dem Jugendstil angepaßte Uhr, die »Ankeruhr«. Die 2,70 Meter hohen Figuren stellen einzelne historische Epochen Wiens dar, welche stündlich auf einem Schwibbogen über die Straße wandern. Um 12 Uhr findet die sehenswerte Figurenparade statt.

Auf einem Gelübde Kaiser Leopolds I. (1702) beruht die Errichtung des Josephbrunnens (**Vermählungsbrunnen**), der nach siegreicher Heimkehr seines Sohnes Joseph I. aus dem Krieg gebaut wurde. Der ursprünglich aus Holz bestehende Brunnen (Mariens Hochzeit darstellend) wurde 1732 durch einen Marmorbrunnen ersetzt, den Joseph Emanuel Fischer von Erlach plante.

JESUITENKIRCHE (Universitätskirche)

Die Jesuitenkirche entstand in den turbulenten Jahren 1627−1631, zur Zeit der Gegenreformation und des 30jährigen Krieges. Später fand sie als Universitätskirche weitere Verwendung. Der Architekt Andrea Pozzo gestaltete um 1705 die frühbarocke Fassade, die Türme und das Langhaus. Das Fresko wurde in einer Art gestaltet, daß eine Kuppel vorgetäuscht wird.

JOSEFSPLATZ

Eingerahmt von den reichen Barockfassaden der Hofburg ist der Josefsplatz einer der am schönsten gestalteten Plätze Wiens. Das heutige Areal wurde früher vom Augustinerfriedhof eingenommen. Kaiser Friedrich ließ hier später einen Lustgarten anlegen (siehe auch Plan der Hofburg, Seite 18). Heute steht das Denkmal Kaiser Josephs II. im Zentrum. Als Nachahmung des Marc-Aurel-Denkmals in Rom wurde dieses Reiterdenkmal von Franz Anton Zauner geschaffen und 1807 enthüllt.

JUSTIZPALAST

Nach Plänen von Alexander Wielemans wurde 1875−1881 an der Errichtung des Justizpalastes gearbeitet, der dem deutschen Renaissancestil nachempfunden ist. Bekannt wurde das Gebäude durch den Brand am 15. Juli 1927, der während einer Auseinandersetzung zwischen Rechtsextremisten und Sozialdemokraten gestiftet wurde und zahlreiche Todesopfer forderte. Architektonisch interessant ist die 480 Quadratmeter große Zentralhalle mit ihren Arkadengängen. Am Podest der Haupttreppe befindet sich eine Marmorstatue der Justitia.

KÄRNTNER STRASSE

Die heutige Hauptgeschäftsstraße entstand im 12. Jahrhundert als Fernstraße zwischen Wien und Kärnten, sowie weiter nach Triest. Im Laufe der Zeit wurden Gasthöfe und Herbergen entlang des Straßenzuges errichtet und 1698 das Esterhazy-Palais gebaut. Im Jahre 1850

Fußgängerzone Kärntnerstraße

wurde sie bis zum Ring erweitert und 1900 erhielt sie die heutige Breite. Seit 1974 zählt die Kärntner Straße zum Hauptabschnitt der Fußgängerzone in Wiens Innenstadt. Als erste Unterführung Wiens wurde 1955 die Opernpassage über den Ring eröffnet.

KAISER-FRANZ-JOSEPH-DENKMAL   ③②
Siehe Stadtrundgang Seite 25.

KAISERIN-ELISABETH-DENKMAL   ③③
Siehe Stadtrundgang Seite 20.

KAPUZINERKIRCHE – KAPUZINERGRUFT   ③④
Siehe Stadtrundgang Seite 27.

KARLSPLATZ   ③⑤
Als Ende des 19. Jahrhunderts der Wienfluß verlegt wurde, kam es an der Grenze zwischen dem ersten und vierten Wiener Gemeindebezirk zur Schaffung des Karlsplatzes, der sich damals außerhalb des Kärntnertores erstreckte. Die Fortsetzung der Kärntnerstraße führte hier über den Wienfluß. Mehrere Pläne, den Karlsplatz städtebaulich einzugliedern wurden nicht durchgeführt. Erst als 1815 das Polytechnikum (heute Technische Universität) erbaut wurde, war eine Begrenzung nach Süden hin gegeben. Heute umschließen das Historische Museum (1959 fertiggestellt), Künstlerhaus, Karlskirche, Musikverein und Handelsakademie den Karlsplatz.

KUNSTHISTORISCHES MUSEUM ⑪⑪

Siehe Stadtrundgang Seite 25.

LANDHAUS ⑫⑬

Ausgehend von der Wiener Dombauhütte wurde 1516 für die niederösterreichischen Stände ein Gebäude errichtet. Im 16. und 19. Jahrhundert erfolgten verschiedene Erweiterungen des Landhauses zwischen der Herrengasse und dem Minoritenplatz. In der Kapelle ist noch
ein Teil der gotischen Torhalle erhalten. Die barocke Ausgestaltung des
großen Sitzungssaals gibt auch heute noch diversen musikalischen
Veranstaltungen einen festlichen Rahmen. In diesem Raum wurde auch
1918 nach dem 1. Weltkrieg die 1. Republik Österreichs bekanntge-
macht. Heute ist das Landhaus Sitz der Niederösterreichischen Landes-
regierung und des niederösterreichischen Landesarchivs.

LOOSHAUS ⑭

Siehe Stadtrundgang Seite 16.

MARIA AM GESTADE ⑮

Die Fundamente der als »Tschechische Nationalkirche« bezeichnete
Anbetungsstätte sind römische Stadtmauerreste. Der gotische Bau
wurde zwischen 1330 und 1414 errichtet und diente während der napoleonischen Kriege als Militärlager. 1812 bis 1820 wurde die Kirche re-
stauriert. Markant sind der gotische Turm aus dem 15. Jahrhundert und
die vielfarbigen Glasfenster.

MESSEPALAST ⑯

Siehe Stadtrundgang Seite 25.

MICHAELERKIRCHE ⑰

Siehe Stadtrundgang Seite 16.

MINORITENKIRCHE ⑱

Siehe Stadtrundgang Seite 20.

MÖLKERBASTEI ⑲

Heute sind nur noch Restbestände der im Jahre 1535 als Schottenbastei
errichteten Befestigungsanlage erhalten. Ihren heute gültigen Namen
erhielt sie nach ihrem Besitzer, dem Stift Melk. Als um 1870 die Ringstraße angelegt wurde, kam es zur Schleifung der bestehenden Mauern. — Das **Pasqualatihaus (Mölkerbastei 8)** wurde durch den Wohnsitz
Ludwig van Beethovens bekannt, der hier von 1804 bis 1815 wohnte. Im
Haus Mölkerbastei 25 befindet sich eine Gedenkstätte des überragen-
den Musikers.

MOZART-DENKMAL ⑳

Siehe Stadtrundgang Seite 25.

MUSEUM FÜR ANGEWANDTE KUNST

Nach der Regulierung des Wienflusses wurde 1866−1871 dieses Museum vom Architekten Heinrich Ferstel im Stil der süddeutschen Renaissance erbaut. Rudolf Eitelberger von Edelberg gilt als Gründer des Museums für angewandte Kunst. Interessantes bauliches Detail ist der von einer Glaskuppel bedeckte zweigeschossige **Arkadenhof.**
Im Museum sind kunstgewerbliche Gegenstände des Mittelalters bis zur Neuzeit mit besonderer Berücksichtigung des Jugendstils ausgestellt. Die Sammlungen umfassen Gobelins, Porzellan, orientalische Teppiche, Keramiken, Möbel, Goldschmiedearbeiten, Zinngeschirr und venezianische Gläser.

MUSIKVEREINSGEBÄUDE

Dieses Bauwerk stammt ebenfalls vom Ringstraßenarchitekten Theophil von Hansen, der sich die griechische Renaissance zum Vorbild nahm. Seit seiner Fertigstellung 1869 wurde das Musikvereinsgebäude Ort zahlreicher Uraufführungen der Wiener Philharmoniker und Zentrum der Musikszene Wiens. Alljährlich werden von hier die Neujahrskonzerte via Fernsehen übertragen, früher von Willi Boskowsky, seit 1980 unter Lorin Maazel. Neben dem großen Saal (Orgel an der Stirnseite) bieten sich der Kammer- und Brahmssaal für kleinere Darbietungen an.

Musikvereinsgebäude

NATURHISTORISCHES MUSEUM

Siehe Stadtrundgang Seite 24.

NEUER MARKT – DONNERBRUNNEN

Siehe Stadtrundgang Seite 27.

PALAIS COBURG

Auf der Braunbastei, wo früher mehrere kleine Soldatenhäuser standen, wurde 1843–1847 das heutige Palais erbaut. Der Name geht auf den Besitzer seit 1801 zurück, den Herzog Ferdinand von Sachsen-Coburg-Kohany. Seine zur Ringstraße ausgerichtete Fassade, die durch zahlreiche Säulen gegliedert ist, hat dem Palais im Volksmund den Spitznamen »Spargelburg« eingebracht.

PALAIS DAUN-KINSKY

Zwischen dem ehemaligen Palais Lamberg und dem heute noch bestehenden Palais Porcia befindet sich in der Herrengasse das Palais Daun-Kinsky. Das Gebäude ist einer der prunkvollsten Barockpaläste, die unter Johann Lukas von Hildebrandt 1713–1716 erbaut wurden. Ab 1746 im Besitz des Reichsgrafen Khevenhüller, kam es 1784 an das Geschlecht Daun-Kinsky, nach dem es heute noch benannt ist. Prunkstücke sind neben der Fassade das Stiegenhaus mit seinen Deckenfreskos, Stuckarbeiten und Nischen.

PALAIS HARRACH

In der Herrengasse zwischen dem Michaelerplatz und der Freyung ließen sich die Adeligen zahlreiche Paläste bauen, von denen ein Großteil in seiner ursprünglichen Formengebung noch erhalten ist. Zu diesen zählt unter anderen auch das Palais Harrach, Freyung 3, das im 17. Jahrhundert erbaut wurde. Bis zum Zweiten Weltkrieg stand vor dem Palais ein Pavillon, der aber im Zuge der Restaurierungsarbeiten (Wiederherstellung der Barockfassade) abgetragen wurde. Sehenswert ist die von der Einfahrt emporführende Prunkstiege.

PALAIS LIECHTENSTEIN MAJORATSHAUS UND GARTENPALAIS

Das **Stadtpalais** oder Majoratshaus Liechtenstein wurde von Domenico Martivelli am Minoritenplatz geplant und gelangte 1694 in den Besitz des Fürsten. Bemerkenswert ist das 1705 gestaltete Seitenportal am Minoritenplatz und der quadratische Innenhof mit dem Tritonenbrunnen. Technische Spielereien und Kuriositäten machten den Palast in Besucherkreisen bekannt. Die unermeßlich wertvollen Kunstgegenstände befinden sich heute in Liechtenstein, dessen Fürst heute noch Besitzer dieses Stadtpalais ist.

Als zweites zählte das sogenannte **Gartenpalais** zum Besitz des Johann Adam Andreas Fürst Liechtenstein. Es wurde 1689 ebenfalls von Domenico Martivelli in der Fürstengasse (9. Bezirk) geplant und der Garten nach einer Idee von Johann Bernhard Fischer von Erlach gestaltet. Das heute noch erhaltene Gartenbelvedere wurde 1875 von Heinrich Ferstel errichtet. Prunkstück des Gebäudes ist der Marmorsaal mit den 1708 von Andrea Pozzo fertiggestellten Fresken »Apotheose des Herkules«. Seit 1979 ist in den Räumlichkeiten das **Museum moderner Kunst** untergebracht.

PALAIS PALFFY   53

Das im Jahre 1575 am Josefsplatz erbaute Palais war Ort der Uraufführung der Mozartoper »Die Hochzeit des Figaro«. An dieses Ereignis erinnert der »Figarosaal« in dem ansonsten innen völlig umgestalteten Gebäude. Auch heute dient das Palais Palffy kulturellen Ereignissen, wie Vorträgen, Filmen und Konzertveranstaltungen.

PALAIS PALLAVICINI   54

Aus der klassizistischen Fassade sticht das Hauptportal hervor, das von zwei Statuenpaaren flankiert wird. 1592 entstand hier das von Königin Elisabeth gestiftete Königinkloster, das von Joseph II. 1782 durch das Toleranzpatent aufgehoben wurde. Für kurze Zeit war es im Besitz des Bankiers Moritz Graf Fries, welcher 1784 das Palais erbauen ließ, das später an die Grafen Pallavicini gelangte.

PALAIS BATTHYANY – SCHÖNBORN   55

Graf Schönborn besaß in Wien unter anderem ein Gartenpalais (ehemaliges Palais Schönborn, Laudongasse), in dem sich seit 1917 das Volkskundemuseum befindet.
Das Palais Batthyany (Renngasse 4) wurde um 1700 von Johann Bernhard Fischer von Erlach geplant und gelangte 1740 in den Besitz des Grafen Schönborn. Sehenswert ist neben der Fassade das von der Eingangshalle emporführende Stiegenhaus.

PALAIS STARHEMBERG (Unterrichtsministerium)   56

Das Palais wurde nach dem Verteidiger Wiens während der zweiten Türkenbelagerung 1683, Graf Rüdiger von Starhemberg benannt der hier 1701 verstarb. Das Gebäude wurde 1650 und 1895 erweitert und ist heute Sitz des Ministeriums für Unterricht und Kunst, Wissenschaft und Forschung.

PARLAMENT   57
Siehe Stadtrundgang Seite 23.

PESTSÄULE – GRABEN   58
Siehe Stadtrundgang Seite 14.

PETERSKIRCHE   59
Siehe Stadtrundgang Seite 15.

POSTSPARKASSE   60

Auf den Fundamenten der ehemaligen Dominikanerbastei wurde hier 1904−1912 von Otto Wagner ein Baudenkmal von europäischer Bedeutung geschaffen. Der Architekt bediente sich des neuen Stils der Sezession, die sich durch strenge Linienführung und speziell in diesem Fall in der Marmorplattenverkleidung äußert.

RATHAUS   61
Siehe Stadtrundgang Seite 22.

RINGSTRASSE   62
Siehe Stadtrundgang Seite 21.

RUPRECHTSKIRCHE ⑥⑤

Die vermutlich um 740 (laut Legende) gegründete Kirche wurde aus römischen Bausteinen gefertigt. Sie gilt als die älteste Wiens und befand sich im frühmittelalterlichen Zentrum an einem Seitenarm der Donau, in der Nähe des Kienmarktes und des Berghofs. 1161 wird das Gotteshaus erstmals in Urkunden genannt. Noch heute beeindruckt der schlichte, romanische Stil mit dem quadratischen Turm.

SALVATORKIRCHE ⑥④

1298 wurde diese Anbetungsstätte als Kapelle gegründet und diente auch dem Alten Rathaus ab 1316 als Kapelle. Papst Leo X. regte an, die Kirche doch nach dem hölzernen Standbild am Altar »Salvatorkirche« zu nennen (1515). Sehenswert ist das Eingangsportal (1520−1530) in der Salvatorgasse, das eines der wenigen Renaissanceportale Wiens ist.

SCHOTTENKIRCHE ⑥⑤

Der Babenbergerherzog Heinrich II. Jasomirgott holte im 12. Jahrhundert irische Mönche nach Wien, die hier 1155 bis 1177 ihre Kirche erbauten. Da Irland im Mittelalter als »Neuschottland« bezeichnet wurde, erhielt auch das Gotteshaus diesen Namen. 1446−1449 wurde das Mittelschiff und der Chor gotisiert. 1637 stürzte der Chor ein, worauf 1638−1641 ein Neubau die heutige Gestalt ergab. Der Hochaltar stammt von Heinrich Ferstel 1883.
Bedeutungsvoller als die Kirche ist das angebaute Schottenstift. In der **Gemäldegalerie »Schottenmeister«** ist der alte, gotische Hochaltar aufbewahrt, der aus 19 Tafeln bestand. Bekannt sind die erste Darstellung Wiens (Südansicht 1469) und auch die älteste Beschreibung der Stadt (1547).

SECESSION ⑥⑥

Die Secession gilt als einer der bedeutendsten, weil für die moderne Architektur richtungsweisenden, Bauten Wiens. Das um 1900 für die »Vereinigung bildender Künstler Österreichs« errichtete Ausstellungsgebäude wurde von Joseph Maria Olbrich geplant. Der kubische Bau wird durch zahlreiche Ornamente verziert und, typisch für den Jugendstil, von einer gläsernen Kuppel gekrönt. Die Metalltüren entwarf Gustav Klimt. Trotz der 1964 veränderten Innenräumlichkeiten blieb die äußere Gestalt originalgetreu erhalten.

STAATSOPER ⑥⑦

Siehe Stadtrundgang Seite 26.

STADTPARK ⑥⑧

Dem 1862 von Rudolf Sieböck im Stil eines englischen Gartens angelegten Park war die Regulierung des Wienflusses und die Gestaltung der Ringstraße vorausgegangen. Das Zentrum des Parks wird durch einen Teich (mit Insel) gebildet. Sehenswert ist die Jugendstiltreppe im südlichen Parkteil, die vom Architekten Ohmann entworfen wurde und zur U-Bahn-Station Stadtpark führt. Zahlreiche Denkmäler sind auf den gesamten Parkbereich aufgeteilt.

STEPHANSDOM ⑥⑨

Siehe Stadtrundgang Seite 11.

Secession

STEPHANSPLATZ 70

Siehe Stadtrundgang Seite 12.

STOCK-IM-EISEN-PLATZ 71

Siehe Stadtrundgang Seite 14.

UHRENMUSEUM 72

Das Uhrenmuseum ist als Teil des Historischen Museums im ehemaligen Palais Obizzi untergebracht, welches 1921 seine Pforten öffnete. Ein Großteil der Sammlung besteht aus dem Nachlaß der Dichterin Marie von Ebner Eschenbach und Professor Rudolf Kaftan, die beide begeisterte Uhrensammler waren. Ferner befinden sich unter den Ausstellungsstücken die Turmuhr von St. Stephan, das Uhrwerk des Alten Rathauses, Wanduhren, das »Nürnberger Eierlein« (1680), ferner Stand-, Taschen-, Wand-, Spiel- und automatische Uhren.

VOLKSGARTEN 73

Siehe Stadtrundgang Seite 20.

ARSENAL – HEERESGESCHICHTLICHES MUSEUM   III. Bezirk

Nach 1849 als Arsenal- und Kasernengruppe erbaut, umfaßte der ursprüngliche Gebäudekomplex ein Areal von 690 mal 480 Metern. Im Stile der Ringstraßenbauten plante das Architektenkollegium Theophil von Hansen, Ludwig Förster, Eduard van der Null, Carl Rösner und August Sicard von Sicardsburg diese Verteidigungsanlage, in deren Zentrum diejenige Baulichkeit heute noch erhalten ist, die das Heeresgeschichtliche Museum aufnimmt. Unter den zahllosen Ausstellungsstücken sind die k. u. k. Kriegsmarine (Modelle), das Auto, in dem der Thronfolger Franz Ferdinand in Sarajewo erschossen wurde und Waffensammlungen aus der Zeit Maria Theresias sehenswert.

AUGARTENPALAIS   II. Bezirk

Im einstigen Überschwemmungsgebiet der Donau gelegen, erwarb Kaiser Matthias Anfang des 17. Jahrhunderts diesen Grund und Ferdinand III. und Leopold I. errichteten in den großzügigen Parkanlagen 1654 das Palais Trautson. Nach wenigen Jahren wurde der Palast 1683 von den Türken zerstört und nicht mehr wiederaufgebaut. Im sogenannten »Saalgebäude« ist heute die bekannte Augarten-Porzellanmanufaktur untergebracht. Das Hauptschloß, damals Palais Löw genannt, wurde in Anlehnung an den Stil Fischer von Erlachs am ausgehenden 17. Jahrhundert erbaut. Ferner ist heute noch das **»Franz-Joseph-Stöckl«** erhalten, in dem Joseph II. wiederholt weilte. Ihm ist es auch zu verdanken, daß 1775 der Augarten für die Öffentlichkeit zugänglich gemacht wurde. Im Augarten befindet sich heute das Quartier der »Wiener Sängerknaben«.

Wiener Sängerknaben

Schloß Belvedere

BELVEDERE III. Bezirk

Johann Lucas von Hildebrandt schuf mit dieser barocken Prunkanlage für den Befreier Wiens in den Türkenkriegen, Prinz Eugen von Savoyen, eine Sommerresidenz von europäischer Bedeutung, was die architektonische Gestaltung betrifft. In die terrassenförmig ansteigende, 1700 bis 1725 ausgeführten Gartenanlage fügen sich das Untere und Obere Belvedere harmonisch ein. In den Jahren 1714 bis 1716 wurde das Untere Belvedere fertiggestellt. Die von Prinz Eugen als Sommerresidenz genutzten Räumlichkeiten bilden den passenden Rahmen des heute hier untergebrachten **Barockmuseums** (seit 1923) und des Museums für mittelalterliche österreichische Kunst (sakrale gotische Malerei und Plastik). Im Trakt des Barockmuseums wurden einzelne Ausstellungsräume nach den vertretenen Künstlern benannt: Donner-Saal (Plastiken von Georg Raphael Donner), Rottmayr-Raum, Troger-Saal, Maulbertsch-Saal und Kremser-Schmidt-Saal. Weitere sehenswerte Räume sind die Marmorgalerie, der Marmor- und der Spiegelsaal.

In den Jahren 1721–1723 wurde nach den Plänen desselben Architekten das Obere Belvedere erbaut, dem hauptsächlich Repräsentationsaufgaben zukamen. Im Festsaal wurde am 15. 5. 1955 der österreichische Staatsvertrag unterzeichnet. Heute ist in den Räumlichkeiten die Galerie des 19. und 20. Jahrhunderts untergebracht. Unter den Ausstellungstücken befinden sich Gemälde von Friedensreich Hundertwasser, Anton Faistauer, Gustav Klimt, Oskar Kokoschka, Albin Egger-Lienz, Franz A. Maulbertsch, Egon Schiele und Ferdinand Waldmüller.

DONAUTURM XXII. Bezirk

Im Zuge der Gestaltung des Donauparks im Rahmen der Vorbereitungsarbeiten zur Internationalen Gartenschau (WIG 64) entstand der 252 Meter hohe Donauturm. Zwei Lifte führen den Besucher in 170 Meter Höhe in das rotierende Aussichtsrestaurant. Der Ausblick umfaßt die Wiener Innenstadt und die UNO-City, sowie die städtebauliche Anlage der Ringstraße.

GRINZING XIX. Bezirk

Seit 1892 gehört der weltbekannte Heurigenort Grinzing zum 19. Bezirk (Döbling). 1114 erstmals urkundlich belegbar war der Ort zur Zeit der Babenbergerherrschaft als Edelsitz (Trummerhof). Aus dem 16. und 17. Jahrhundert ist das heutige Ortsbild erhalten, zu dem zahlreiche Heurigenlokale zählen. Überragt wird der Ort durch die spätgotische Pfarrkirche mit dem Zwiebelturm.

KARL-MARX-HOF XIX. Bezirk

Der Wiener Architekt Karl Ehn setzte mit dem für damalige Begriffe richtungsweisenden Wohnungsbau dem »roten Wien« ein eindrucksvolles Denkmal im expressionistisch-kubistischen Stil der 1. Republik. In dem etwa 1000 Meter langen Wohnblock sind 1325 einzelne Wohneinheiten untergebracht, über den markanten Bogendurchfahrten sind dem fünfstöckigen Komplex Türme aufgesetzt.

KARLSKIRCHE IV. Bezirk

1713, nach den verheerenden Pestjahren, stiftete Karl VI. dem hl. Karl Borromäus (Pestheiliger) diese Kirche, die zu den perfektesten barocken Baulichkeiten der Welt zählt. Johann Bernhard Fischer von Erlach

Karlskirche

47

schuf ein formvollendetes Bauwerk in Anlehnung an die römisch-helle-
nistische Kultur mit zahlreichen symbolischen Charakteren, das
Hauptwerk des reifen Architekten. Sein Sohn Josef Emanuel führte
nach seinem Tod die Bauleitung weiter, so daß die Kirche 1739 ihrer Bestimmung übergeben werden konnte. Die Kuppel wurde 1725 fertiggestellt, und erreicht mit 72 Metern eine ansehnliche Höhe, die das Häu-
sermeer Wiens, ähnlich wie der Stephansdom beherrscht. In der Kuppel
setzte sich der Maler Michael Rottmayr ein unvergeßliches Denkmal. Interessant sind die mit spiralenförmigen Reliefbändern versehenen
Triumphsäulen, die Episoden aus dem Leben Karls VI. darstellen und
das kolossale Eingangsportal.

NASCHMARKT   IV. Bezirk

Seit dem 12. Jahrhundert war der Naschmarkt eine der wichtigsten Aus-
fallstraßen nach Italien (über den Semmering). An dieser Handelsstraße
entwickelte sich im Laufe des 13. Jahrhunderts die Vorstadt Wieden.
Der Naschmarkt selbst besteht seit dem Jahr 1774 und wird seit 1819 als
Obst- und Gemüsemarkt geführt. Im 18. Jahrhundert erfolgte die Ein-
gliederung in den Westteil des Karlsplatzes.

PALAIS RASUMOWSKY   III. Bezirk

L. von Montoyer erbaute im Empirestil für den russischen Gesandten
während der napoleonischen Kriege, Rasumowsky, dieses Palais, von
dem der Säulenvorbau und der Kuppelsaal noch im Original erhalten
sind. Das ehemals reich mit Kunstschätzen ausgestattete Haus (auch
Ludwig van Beethoven zählte zu den Künstlern, die sich um den russischen Gesandten scharten) brannte während einer Festlichkeit anläßlich des Wiener Kongresses 1814 ab. Die Gemälde, Mobilar und anderes
Interieur wurden damals zerstört. Nach dem Tod Rasumowskys über-
nahm Johann Fürst Liechtenstein das Palais. Ab 1851 befindet sich hier
die Geologische (Reichs-) Bundesanstalt.

PALAIS SCHWARZENBERG   III. Bezirk

Neben dem Belvedere befindet sich das durch seine reiche Barockfas-
sadengestaltung hervorstechende Palais Schwarzenberg, das zu den
Hauptarbeiten Johann Lucas von Hildebrandts zählt, der 1697 bis 1720
an diesem Bauwerk beschäftigt war. Die damalige Lage war durch die
aussichtsreiche Geländebeschaffenheit bestimmt, die einen weiten
Blick über den Schwarzenbergplatz auf die Innenstadt zuließ. Ab 1720
waren Johann Bernhard und Joseph Emanuel Fischer von Erlach an der
Umgestaltung des Palais interessiert und so wurde die Gartenfassade
durch einen vorgeschobenen Festsaaltrakt aufgegliedert. 1751 kamen
der Neubau der Reitschule und der Orangerie hinzu. Besondere Beachtung verdient der Kuppelsaal und die Marmorgalerie, die von Johann
und Balthasar Hagenmüller 1725 geschaffen wurden. Heute befindet
sich im Palais Schwarzenberg ein Schloßhotel.

PALAIS TRAUTSON   VII. Bezirk

Als ausgereiftestes profanes Bauwerk Johann Bernhard Fischer von Erlachs gilt das 1710 bis 1712 im französischen Stil gestaltete Gartenpalais, in dem heute das Justizministerium untergebracht ist. Vorgänger
des heutigen Ministeriums war die Ungarische Garde, die seit der Zeit
Maria Theresias hier wohnte. 1961 erwarb die Stadt Wien das Gebäude.

Piaristenkirche, Deckenfresko von A. Maulbertsch

PIARISTENKIRCHE

Seit 1697 ist der Piaristenorden in Wien ansässig. 1716–1771 kam es zum Neubau der Pfarr- und Ordenskirche nach Plänen von Johann Lucas von Hildebrandt. Die Türme wurden von Franz Sitte 1858–1860 nachträglich dazugebaut. Sehenswert ist die Orgel, auf der schon Anton Bruckner und Franz Liszt begeisterten. Die von Anton Maulbertsch geschaffenen Deckenfresken stellen in der Vorhalle den »Engelssturz« dar, im Hauptsaal sind Freskos von Adam und Eva bis Maria sichtbar, vor dem Hochaltar ist die Himmelfahrt Mariens dargestellt und an der Decke über den beiden Seitenaltären schuf der Künstler die Darstellungen »Jakob« und »Guter Hirte«. Man beachte ferner den großen Innenraum und die komplizierte Anordnung der Seitenaltäre (elliptische Grundformen).

PRATER

Das knapp 1300 Hektar große Erholungsgebiet wurde bereits 1403 genannt. Im Auftrag von Ferdinand I. wurde 1537 die Kastanienallee gepflanzt und 1560 das Areal für Jagdzwecke Maximilians II. eingezäunt. Ab 1766 ist der Prater allgemein zugänglich und zu diesem Zeitpunkt entstanden die ersten Buden im sogenannten »Wurstelprater«, denen bald Ringelspiele, Kegelbahnen und andere Attraktionen wie das Abhalten von Feuerwerken folgten. 1791 ist in der Geschichte des Praters als Start des Montgolfiere-Ballons vermerkt. 1873 fand auf dem Gelände die Weltausstellung statt; die damals errichteten Hallen dienen heute noch teilweise als Ausstellungsgebäude der Wiener Messe. Sein Wahrzeichen erhielt der Prater 1896/97, als der Engländer Basset das 430 Tonnen schwere Stahlgerüst des Riesenrads aufstellen ließ. Die Gondeln bewegen sich mit 0,75 Metern pro Sekunde bis in 65 Meter Höhe und bieten einen eindrucksvollen Rundblick auf das geschäftige Treiben im Prater (besonders am Abend) und über die Dächer von Wien. Im Jahre 1886 fand im Prater der erste Blumenkorso statt, ab 1925 werden Autokorsos abgehalten. Nachdem 1938 das Pratergelände in den Besitz der Stadt Wien gekommen war, wurden als weitere Attraktionen eine Hochschaubahn, eine Liliputbahn und zahlreiche Sporteinrichtungen (Praterstadion mit 72.000 Plätzen, Pferdesportanlagen in der Krieau, Freibad, Radstadion u. ä.) geschaffen. Sehenswert ist weiters das am Wochenende zugängliche Planetarium mit dem angeschlossenen Pratermuseum.

SCHLOSS HETZENDORF   XII. Bezirk

Im Auftrag des Grafen Thun erbaute Johann Lucas von Hildebrandt 1694 dieses Jagdschloß. Als es um 1712 in den Besitz der Fürsten von Liechtenstein kam, wurde es umgebaut und 1743, unter Kaiserin Maria Theresia, vergrößert. Heute ist in den Räumlichkeiten die Wiener Modeschule untergebracht. Beachtenswert sind die Freskodarstellungen im Festsaal (1. Stock), die 1746 von Daniel Gran geschaffen wurden. Der Japanische Salon besticht durch seine wertvolle Holztäfelung.

SCHÖNBRUNN   XIII. Bezirk

Anstelle der im 15. Jahrhundert erbauten Katterburg neben dem Meidlinger Tor wurde nach der Türkenbelagerung 1529 die Errichtung eines Jagdschlosses geplant. Dieses wurde 1569 unter Kaiser Maximilian II. mit einer Gartenanlage und künstlichen Teichen versehen. Die unter Kaiser Matthias entdeckte »Schöne Quelle« gab dem Areal seinen noch heute gültigen Namen. Das Jagdschloß wurde 1683 von den Türken zerstört, doch bereits 1692 reifte der Entschluß, ein noch schöneres und größeres Schloß zu bauen. Dafür lieferte Johann Bernhard Fischer von Erlach zwei Vorschläge. Der erste sah ein Barockschloß in der Art von Versailles vor, der zweite wurde dann in die Tat umgesetzt. Kaiser Leopold I. war der Bauherr, der für seinen Sommersitz 1695 den Bauauftrag gab. 1744—1749 erfuhr das Schloß eine Umgestaltung im Rokokostil, wozu der Architekt Nikolaus Pacassi von Kaiserin Maria Theresia den Auftrag erhielt. Im Westtrakt des insgesamt 1441 (!) Zimmer umfassenden Schlosses wohnte Joseph II., der 1766 das Schloßtheater neu ausgestalten ließ. 1775 beendete Ferdinand Hetzendorf von Hohenberg die Arbeiten an der Gloriette. Nach der Eroberung Wiens durch die französischen Truppen erwählte sich Napoleon seinen Sitz im Schloß Schönbrunn (1805 und 1809). In den Jahren 1816—1819 wurde Johann Aman von Franz I. beauftragt, das Schloß umzubauen. 1830 wurde hier der spätere Kaiser Franz Joseph I. geboren, der 68 Jahre lang über die österreich-ungarische Monarchie regieren sollte. Bis 1918 war Schönbrunn auch Sitz des Hauses Habsburg, bis schließlich Karl I. 1918 auf den Thron verzichtete. Nach dem Zweiten Weltkrieg ließen sich die Be-

Schloß Schönbrunn

satzungsmächte (Rußland und England) im Schloß nieder. In dem bis 1952 wiederhergestellten Schloß fanden die Festbankette anläßlich der Verleihung des österreichischen Staatsvertrages statt (1955) und ab 1960 werden hier hohe Persönlichkeiten vom Bundespräsidenten empfangen.

Die Besichtigung der Parkanlagen (1 Mill. Quadratmeter), der **Gloriette** (offene Säulenhalle im klassizistischen Stil), des 1883 errichteten **Palmenhauses** (größtes Glashaus Europas), des **Tiergartens** (runde Anlage mit 750 Tierarten) und der **Römischen Ruine** (1778 von J. F. Hetzendorf von Hohenberg erbaut) sollte mit einer Führung durch die Schauräume verbunden werden.

Führungen:
1. 10.−30. 4. täglich 9−12 und 13−16 Uhr
1. 5.−30. 9. täglich 9−12 und 13−17 Uhr

In der ehemaligen Winterreitschule wurde die sogenannte Wagenburg, ein Fahrzeugmuseum mit Ausstellungsstücken von 1690 bis 1918 eingerichtet, in dem neben Sänften, Schlitten und Fahrrädern auch die ersten Autos zu besichtigen sind.

Das Barocktheater wurde 1747 nach Plänen von Nikolaus Pacassi erbaut und diente als Aufführungsort zahlreicher Werke von Joseph Haydn und Wolfgang Amadeus Mozart.

Die Parkanlage des Schlosses Schönbrunn wurde 1705 von Jean Trehet geplant und 1765 nach französischem Vorbild von Adrian von Steckhoven verbessert. Beachtenswert sind die 44 Kolossalstatuen aus der griechischen Mythologie. Bekannt ist ebenfalls der **Schöne Brunnen**, eine gefaßte Quelle, von der man sagt, Kaiser Joseph I. habe sein Trinkwasser von hier bezogen. Seit 1799 besteht der Pavillon.

SERVITENKIRCHE   IX. Bezirk

Das in den Jahren 1651–1677 im frühbarocken Stil errichtete Gebäude weist als erstes den für barocke Bauten charakteristischen ovalen Grundriß des Zentralraumes auf und diente deshalb als Vorbild für die Gestaltung der Peters- und Karlskirche. Im Zuge der Renovierungsarbeiten 1754–1756 wurden auch die beiden Türme fertiggestellt. In der Servitenkirche befindet sich das Grabmal des Gegners Wallensteins, des Generals Piccolomini.

STADTHALLE   XV. Bezirk

Mit dem Bau der Stadthalle wurde 1955–1958 Roland Rainer beauftragt, der in kühner Glasdachkonstruktion und einer Spannweite von 100 Metern ein Veranstaltungszentrum für 16.000 Zuschauer schuf. Der Stadthalle angeschlossen ist ein Hallenbad.

TECHNISCHES MUSEUM   XIV. Bezirk

Hans Schneider erbaute 1909–1913 dieses dreigeschossige Gebäude, dessen erste Ausstellungsstücke dem kaiserlich physikalischen Kabinett angehörten. Zu den interessantesten Gegenständen und Darstellungen zählen: Prunkuhr mit Planetarium (1555), Dampfmaschine von James Watt (1790), Modelle der Ressel'schen Schiffsschraube (1829), eine Nachbildung eines Kohlebergwerkes, Nähmaschine von Madersberger (1815), Schreibmaschine Mitterhofers (1864), Flugzeugmodelle von W. Kreß (erstes Wasserflugzeug), Gleitflugmodell von Lilienthal. Weitere Abteilungen sind das Eisenbahnmuseum (mit Modellanlage) und das Post- und Telegraphen-Museum.

UNO-City

UNO-CITY (Vienna International Center) XXII. Bezirk

1973–1976 plante Johann Staber die durch ihre geschwungene Glasfassade (24.000 Fenster) auffallenden Gebäude, die als eigene Stadt von der Bevölkerung »UNO-City« bezeichnet wird. Sie ist Sitz mehrerer Organisationen, wie der IAEO (Internationale Atomenergiebehörde), UNIDO (Organisation für Industrielle Entwicklung) des UN-Hilfswerkes für Palästinaflüchtlinge, der internationalen Handelsrechtsabteilung und der UN-Suchtgiftkomission. Für den Besuch der City ist ein Reisepaß erforderlich.

Votivkirche

VOTIVKIRCHE IX. Bezirk

Als am 18. 2. 1853 ein Attentat auf Kaiser Franz Joseph I. fehlschlug, wurde als Dank die Votivkirche zum göttlichen Heiland gestiftet und von seinem Bruder, dem späteren Kaiser Maximilian von Mexiko finanziell gefördert. In Anlehnung an das Vorbild französischer Kathedralen wurde sie 1879 von dem jungen Architekten Heinrich Ferstel im historisierenden neugotischen Stil erbaut. Die 99 Meter hohen Türme wurden 1868 fertiggestellt. In der Taufkapelle ist das Hochgrab des Grafen Niklas von Salm (um 1530), des Verteidigers von Wien gegen Sultan Scliman (1529), sehenswert. Ebenfalls aus dieser Zeit stammt der Antwerpener Altar, der als flämisches Schnitzmeisterwerk Teil der bekannten Ambraser Sammlung war, die von Erzherzog Ferdinand II. im 16. Jahrhundert im Schloß Ambras bei Innsbruck geschaffen wurde.

WIENERWALD

Der Hügelzug zwischen Triestingfluß und Donau, Wienerwald genannt, ist das Haupterholungsgebiet der Wiener Bevölkerung. Zahlreiche Lieder, Gedichte, Sagen und historische Ereignisse haben den Wienerwald zum Inhalt. Deshalb verwundert es nicht, wenn Ludwig van Beethoven für seine sechste Sinfonie, die Pastorale, von dieser lieblichen Gegend inspiriert wurde (im englischen Sprachraum ist dieses Musikwerk sogar als »Vienna Sinfony« bekannt). Höchste Erhebung ist der Schöpfl, 893 m, im westlichen Wienerwald. Die bekanntesten Höhen sind jedoch in unmittelbarer Stadtnähe zu finden: Hermannskogel, Kahlenberg und Leopoldsberg.

Der 542 Meter hohe **Hermannskogel** ist vom Parkplatz Rohrerwiese an der Höhenstraße leicht zugänglich. Auf seinem Gipfel erhebt sich die 1887 erbaute Habsburgwarte (Aussichtsplattform in 16 Meter Höhe).

Weite Eichenwälder geben dem **Kahlenberg** sein charakteristisches Aussehen. Wegen des reichen Wildschweinbestandes in den vergangenen Jahrhunderten trug der Höhenzug die Bezeichnung Sauberg (bis 1780). Die alte Zahnradbahn auf den Kahlenberg wich 1934−1938 der neu trassierten Höhenstraße. Auch heute sind Grinzing und Neustift am Walde günstige Ausgangspunkte für Wanderungen im Wienerwald. Am Gipfel, 484 m, befinden sich die Stephanienwarte und der Fernsehturm. 1935 leitete E. Boltenstern den Bau des Kahlenbergrestaurants, von dem sich weite Ausblicke auf die Weinberge Grinzings und die Stadt Wien ergeben. Die Sobieski-Kapelle erinnert an die Befreiung Wiens von den Türken durch den Beistand polnischer Truppen, angeführt vom Polenkönig Sobieski.

Der **Leopoldsberg** ist die letzte Erhebung des Wienerwalds vor der Donau. Die Bezeichnung »Kahlengebirge« für diesen Teil des Höhenzuges verschwindet langsam aus dem Sprachgebrauch. Der Leopoldsberg wurde 1231 urkundlich als »Chalenperg« genannt und trug diesen Namen bis in das 17. Jahrhundert. Anläßlich der Befreiung von der Türkengefahr 1683 wurde auf seiner Höhe eine Messe zelebriert und 1693 eine dem hl. Leopold geweihte Kirche erbaut, die dem Berg zu seinem heutigen Namen verhalf. Um die heute noch sichtbaren Ruinen einer unter Leopold III. errichteten Burg rankt sich folgende Legende: Vom Söller der Burg wurde der Schleier seiner Braut vom Winde verweht. Leopold III. gelobte nach Wiederfinden des Brautschleiers die Gründung eines Klosters. Der Schleier wurde gefunden und Klosterneuburg erhielt sein Kloster. Die Burg wurde 1529 in den Auseinandersetzungen mit den Türken zerstört.

Seit 1941 steht das Areal des **Lainzer Tiergartens** unter Naturschutz. Es ist das letzte unverbaute, in seinem ursprünglichen Zustand belassene Gebiet des Wienerwaldes. Kaiser Karl VI. ließ um das Rotwild- und Wildschweingehege einen Zaun errichten, unter Kaiser Joseph II. wurde die knapp 23 km lange Steinmauer gebaut. Seit 1919 ist der Lainzer Tiergarten für die Allgemeinheit zugänglich. In der Hermesvilla, die 1886 für Kaiserin Elisabeth (Sissy) geschaffen wurde, befindet sich heute ein Museum. Auf dem 26 Quadratkilometer großen Garten tummeln sich wie in freier Wildbahn außer Rotwild, Rehen und Wildschweinen auch Auerochsen, Mufflons und Damhirsche. Von April bis November ist der Lainzer Tiergarten von Mittwoch bis Montag von 8.00 Uhr bis zum Einbruch der Dunkelheit geöffnet. Während des Winters ist nur der Hermespark von 8.00 bis 19.00 Uhr zugänglich.

WIEN – EIN ZIEL ZU JEDER JAHRESZEIT

Daß Wien immer Saison hat, ist kein leeres Versprechen. Egal, ob jemand Kunst- und Kulturliebhaber ist, ob er gern wandert, Badefreuden nicht abgeneigt ist, Museumsbesuche liebt oder gern seinen Heurigen in einem der Vorstadtbeiseln trinkt, in Wien wird er auf seine Rechnung kommen.

Erstes Ereignis in jedem Jahr ist das traditionelle **Neujahrskonzert** der Wiener Philharmoniker im Musikvereinssaal. Im Jänner stellt die **Wiener Eisrevue** ihr zweijährig wechselndes Programm vor, ehe sie auf Tournee geht (seit 1932 besteht diese Showeinrichtung). Als Faschingsausklang zieht der weltbekannte **Opernball** in der Wiener Staatsoper jedermanns Interesse auf sich; er gilt als größtes gesellschaftliches Ereignis in Wien. Im kulturellen Leben haben die im Mai und Juni stattfindenden **Wiener Festwochen** schon seit Jahrzehnten ihren festen Platz. Konzerte, Theateraufführungen (Opern und Sprechstücke) und Ausstellungen bieten jedem Besucher außergewöhnliche Eindrücke (Kartenbestellungen nimmt das österreichische Verkehrsbüro, 1043 Wien, Friedrichstr. 7, entgegen). Der **Musikalische Sommer** ersetzt die Sommerpause der Theater durch zahlreiche Veranstaltungen in diversen Palais, Gedenkstätten, Arkadenhöfen, Konzertsälen und auch in der Fußgängerzone der Innenstadt. Besonders hervorzuheben sind die **Schönbrunner Schloßkonzerte.**

Spanische Hofreitschule

Der Sommer in Wien bietet dem Gast nicht nur zahlreiche Einrichtungen des Fremdenverkehrs wie Stadtrundfahrten, Führungen u. a. sondern auch die verschiedensten Freizeiteinrichtungen. Unter den Bädern sind das Gänsehäufl, die Alte Donau (mehrere Badeplätze) und die Wildbadeplätze in der Lobau bekannt und beliebt. Durch den 2.160 Hektar großen Naturschutzpark Lobau führen insgesamt Wanderwege von 40 Kilometern Länge. Wer Radwandern bevorzugt, kann mit einer Fähre vom 3. in den 11. Bezirk auf die Donauinsel überwechseln. Abendliches Vergnügen bietet der Wurstelprater oder eine Fahrt mit dem Riesenrad.

Der Herbst ist durch die vor den Gaststätten ausgehängten »Buschen« (Föhrenzweige oder gebündelte Hobelscharten) mit dem Hinweisschild »Ausg'steckt is« gekennzeichnet. Dies ist die Zeit, wo der »Heurige« ausgeschenkt wird, Wein, der aus der letzten Lese stammt. Heurigenlokale befinden sich in den bekannten Weinorten Grinzing, Gumpoldskirchen, Sievering, Nußdorf, Baden usw. Ab Mitte September bis 26. Dezember gelangen jeden Sonntag um 9.15 Uhr in der Kapelle in der Hofburg Messen durch die **Wiener Sängerknaben** und das Staatsopernorchester zur Aufführung. Die Sängerknaben wurden als Institution 1498 gegründet. In den Jahren 1740–1749 war Joseph Haydn selbst Sängerknabe. 1923 wurde das Institut für den Knabenchor wieder eingerichtet. Für die Konzerte ist Platzreservierung angebracht (Karten erhält man nach vorheriger Anmeldung bei der Hofburg, 1010 Wien). Als weitere Attraktion ist der Besuch der **Spanischen Hofreitschule** zu empfehlen, die von März bis Juni und September bis November mittwochs um 19.00 Uhr und jeweils am Samstag 9.00 Uhr (Kurzprogramm) und Sonntag um 10.45 Uhr mit ihrem Programm jung und alt erfreut.

WIENER KÜCHE

Daß Wien während mehrerer Jahrhunderte Zentrum eines Vielvölkerstaates war, äußert sich in der vielfältigen, weltbekannten, guten Wiener Küche, die neben Spezialitäten auch gesunde Hausmannskost aufweist. Das bekannte »Glaserl Wein« und der nachher getrunkene Kaffee (der Wiener unterscheidet hier zahlreiche Sorten wie den großen Braunen, Einspänner, Mokka, Kapuziner, Melange, Türkischen) dürfen dabei genausowenig fehlen wie die als Dessert oder bei der Kaffeejause verzehrte Mehlspeise. Besonders empfehlenswert sind die in den Wildbretwochen im Herbst angebotenen Gerichte.

Die Vorspeise besteht aus echter Rindssuppe mit diversen Einlagen wie Grießnockerl oder »Schöberl«. Unter den Hauptspeisen sind sicherlich die Wiener Schnitzel, der Tafelspitz mit Apfelkren, Schweinsbraten, Kalbsvögerl und das Gulasch die am meisten gegessenen Gerichte. Freilich gibt es eine große Auswahl an Fisch- und Wildgerichten, besonders gern ißt man Back-, Brat- oder Paprikahendl. Übrigens wird mit Paprika wenig gespart, wenn es sich um aus der ungarischen Küche entlehnte Speisen handelt. Durch seine variantenreiche Mehlspeiszubereitung ist die Wiener Küche international bekannt geworden: die Sachertorte und die Dobostorte werden neben Nuß- und Cremetorten gern beim traditionellen Kaffeekränzchen gegessen. An warmen Süßspeisen sind die Palatschinken (mit unterschiedlicher Fülle), Topfenknödel, Topfen-, Apfel- oder Millirahmstrudel beliebt. Je nach Angebot stehen Marillen- oder Zwetschkenknödel auf den Speisekarten der Gasthäuser. Aus Böhmen sind die viel geliebten und auch besungenen Powidltascherl »importiert« worden.

Griechenbeisl

Zum Donnerbrunnen (1. Bez.), Tel. 53 12 23

Chez Rainer (4. Bez.), Tel. 65 46 46/325

Gösser Bierklinik (1. Bez.), Tel. 63 33 36, 63 75 98 (Sonntag und Feiertag geschlossen)

Griechenbeisl (1. Bez.), Tel. 63 19 41, 63 19 77

Landtmann (1. Bez.), Tel. 63 06 21

Parkhotel Schönbrunn-Wintergarten (13. Bez.), Tel. 82 26 76

Wiener Rathauskeller (1. Bez.), Tel. 42 12 19

Zu ebener Erde und erster Stock (7. Bez.), Tel. 93 62 54

Zwölf-Apostel-Keller (1. Bez.), Tel. 52 67 77

Adriatic (1. Bez.), Tel. 52 52 96 (Balkanspezialitäten)

Salut (1. Bez.), Tel. 63 13 22 (Französische Spezialitäten)

Ristorante Bella Italia (13. Bez.), Tel. 82 69 403 (Italienische Spezialitäten)

Kervansaray (1. Bez.), Tel. 52 88 43 (Türkische Spezialitäten)

Grinzinger Hauermandl (19. Bez.), Tel. 32 20 444 (Heurigenrestaurant)

Grinzinger Weinbottich (19. Bez.), Tel. 32 42 37 (Heurigenrestaurant)

Café Ball (1. Bez.), Tel. 53 17 54

Imperial (1. Bez.), Tel. 65 17 65

Palais Auersperg-Wintergarten (8. Bez.), Tel. 43 15 68

Sacher (1. Bez.), Tel. 52 14 87

Schloßcafé Schönbrunn (13. Bez.), Tel. 82 26 76

Hawelka (1. Bez.), Tel. 52 82 30

Hübner's Kursalon (1. Bez.), Tel. 73 21 81 (Konzert-Café)

Demel (1. Bez.), Tel. 63 55 16

Akademie der bildenden Künste, Gemäldegalerie
1. Bez., Schillerplatz 3, Tel. 57 95 16
Derzeit wegen Renovierung geschlossen.

Albertina
1. Bez., Augustinerstraße 1, Tel. 52 42 32
Montag, Dienstag, Donnerstag 10−16, Mittwoch 10−18, Freitag 10−14, Samstag, Sonntag 10−13. Geschlossen an allen Sonntagen im Juli und August.

Alpengarten im Oberen Belvedere
3. Bez., Landstraßer Gürtel 1, Tel. 78 31 49
Anfang April bis Ende Juni täglich 9−18. Juli − Sept. 9−16.30.

Ankeruhr
1. Bez., Hoher Markt 10/11
Täglich 12 Uhr Figurenparade mit Musik.

Beethoven-Gedenkstätten
Pasqualatihaus
1. Bez., Mölkerbastei 8, Tel. 63 70 665
Dienstag−Sonntag 10−12.15, 13−16.30, Eintritt frei.
Beethoven-Wohnung
6. Bez., Laimgrubengasse 22
Mai−September Sonntag 10−12.
Heiligenstädter-Testament-Haus
19. Bez., Probusgasse 6, Tel. 42 804
geöffnet wie Pasqualatihaus, Eintritt frei.
Eroica-Haus
19. Bez., Döblinger Hauptstraße 92, Tel. 42 804
Eintritt frei.

Botanischer Garten
3. Bez., Mechelgasse 2 (Nähe Rennweg) oder Landstraßer Gürtel 1, Tel. 78 71 02
Mitte April bis Mitte Oktober täglich 9 bis Beginn der Dämmerung.

Burgkapelle
1. Bez., Hofburg, Schweizerhof.
Führungen: Mitte Jänner bis Juni und Mitte September bis Mitte Dezember, Dienstag, Donnerstag 14.30−15.30 (Mindestanzahl 5 Personen).

Burgtheater
1. Bez., Dr. Karl-Lueger-Ring 2
Montag, Samstag 9, 15, Sonntag 9.
Tel. 53 24/26 13.

Dom- und Diözesanmuseum
1. Bez., Stephansplatz 6, 1. Stock, Tel. 53 25 61/598
Mittwoch−Samstag 10−16, Sonntag und Feiertag 10−13.

Ephesos-Museum
1. Bez., Neue Burg, Heldenplatz (Eingang hinter dem Prinz-Eugen-Denkmal), Tel. 93 45 41
Montag, Mittwoch−Freitag 10−16, Samstag, Sonntag 9−16.

Feuerwehrmuseum
1. Bez., Am Hof 10 (Zentralfeuerwache), Tel. 63 66 71
Sonntag und Feiertag 9−12.

Fiakermuseum
17. Bez., Veronikagasse 12, Tel. 43 26 07
jeden ersten Mittwoch des Monats 8–13.

Österr. Filmmuseum
1. Bez., Augustinerstraße 1 (Albertina), Tel. 52 62 06
Vorführungen historischer Filme: Oktober bis Mai Montag–Samstag 18 und 20.

Friedhof St. Marx
Mozart Grab
3. Bez., Leberstraße 6–8
April: 7–18. Mai bis August: 7–19, September: 7–18, Oktober bis März: 9 bis Einbruch der Dunkelheit.

Haus des Meeres, Vivarium Wien
6. Bez., Esterházypark, Tel. 57 14 17
Täglich 9–18.

Haydn-Museum
(mit Brahms-Gedenkraum)
6. Bez., Haydngasse 19, Tel. 56 13 07
Dienstag–Sonntag 10–12.15, 13–16.30, Eintritt frei.

Heeresgeschichtliches Museum
3. Bez., Arsenal, Objekt 18, Tel. 78 23 03 bis 05
Täglich außer Freitag 10–16.

Herzgruft der Habsburger
in der Augustinerkirche
1. Bez., Augustinerstraße 3, Tel. 52 33 38
Nach telefonischer Vereinbarung.

Historisches Museum der Stadt Wien
4. Bez., Karlsplatz, Tel. 42 804
Dienstag–Sonntag 9–16.30, Eintritt frei.

Hermesvilla
13. Bez., Lainzer Tiergarten (Zugang: Hermesstraße), Tel. 84 13 24
Mittwoch–Sonntag 9–16.30, Eintritt frei.

Hofburg: Schauräume, Kaiserappartements
1. Bez., Michaelerplatz, Tel. 57 55 54
Montag–Samstag 8.30–16.30, Sonntag 8.30–13.

Hoftafel- und Silberkammer
1. Bez., Michaelerplatz, Hofburg, Tel. 52 23 45
Dienstag, Mittwoch, Freitag und Sonntag 9–13.

Kaisergruft (Kapuzinergruft)
1. Bez., Neuer Markt, Tel. 52 68 53
Mai bis September täglich 9.30–16.30, Oktober bis April täglich 9.30–12.

Kunsthistorisches Museum
1. Bez., Maria-Theresien-Platz (Eingang), Burgring 5 (Direktion), Tel. 93 45 41
Alle Sammlungen: Dienstag 10–21, Mittwoch 10–18,
Donnerstag 10–18, Freitag 10–21, Samstag, Sonntag 9–18.

Neue Galerie in der Stallburg
1. Bez., Reitschulgasse 2
Montag, Mittwoch–Freitag 10–16, Samstag, Sonntag 9–16.

Lehár-Schikaneder-Schlößl
19. Bez., Hackhofergasse 18, Tel. 37 18 213
Nur Gruppen gegen Voranmeldung.

Mozart-Erinnerungsräume
im »Figaro-Haus«
1. Bez., Domgasse 5, Tel. 52 40 722
Dienstag–Sonntag 10–12.15, 13–16.30.

Museum des Institutes für Geschichte der Medizin (Josephinum)
9. Bez., Währinger Straße 25/1, Tel. 43 21 54
Montag–Freitag 11–15.

Österr. Museum für angewandte Kunst
1. Bez., Stubenring 5, Tel. 72 56 96, 72 68 39
Dienstag, Mittwoch, Freitag 10–16, Donnerstag 10–18, Sonntag 10–13.

Museum für Hufbeschlag, Beschirrung und Besattlung
3. Bez., Linke Bahngasse 11, Tel. 73 55 81/372
Montag–Donnerstag 13.30–15.30.

Museum für Völkerkunde
Neue Burg
1. Bez., Heldenplatz (Eingang beim Burgring), Tel. 93 45 41
Montag, Donnerstag, Freitag, Samstag 10–13, Mittwoch 10–17, Sonntag 9–13. Filmvorführungen: Sonntag 10 und 12.

Österr. Museum für Volkskunde
8. Bez., Laudongasse 15–19, Tel. 43 24 93
Dienstag–Freitag 9–15, Samstag 9–12, Sonntag 9–13.

Museum Moderner Kunst
im Palais Liechtenstein
9. Bez., Fürstengasse 1, Tel. 34 12 59, 34 63 06
Täglich außer Dienstag 10–18.
Sonderausstellungen: Museum des 20. Jahrhunderts
3. Bez., Schweizer Garten (neben dem Südbahnhof), Tel. 78 25 50
Täglich außer Mittwoch 10–18.

Österr. Nationalbibliothek
Prunksaal
1. Bez., Josefsplatz 1, Tel. 52 16 84
Montag–Samstag 11–12. Mai bis Oktober (Ausstellung) Montag–Samstag 10–16.

Naturhistorisches Museum
1. Bez., Maria-Theresien-Platz (Eingang), Burgring 7 (Direktion), Tel. 93 45 41
Täglich außer Dienstag 9–18.

Niederösterreichisches Landesmuseum
1. Bez., Herrengasse 9, Tel. 63 57 11–3111
Dienstag–Freitag 9–17, Samstag 9–14, Sonntag, Feiertag 9–12.

Österreichische Galerie, Direktion
3. Bez., Prinz-Eugen-Straße 27, Tel. 78 41 58-0
Dienstag–Donnerstag, Samstag 10–16, Freitag 10–16, Sonntag 9–16.
Museum mittelalterlicher österr. Kunst und Österr. Barockmuseum
(Eingang: Unteres Belvedere, Rennweg 6a)
Österr. Galerie des 19. und 20. Jahrhunderts
(Eingang: Oberes Belvedere, Prinz-Eugen-Straße 27)

Gustinus-Ambrosi-Museum
2. Bez., Scherzergasse 1a
Freitag 10−16, Sonntag 10−12.

Parlament
1. Bez., Dr.-Karl-Renner-Ring 3, Tel. 42 15 25-0
Führungen: Montag−Freitag 11 (außer an Sitzungstagen), Juli, August
Montag−Freitag 11, 15.

Pathologisch-Anatomisches Bundesmuseum
9. Bez., Spitalgasse 2, Allgemeines Krankenhaus, »Narrenturm«, Tel.
43 86 72
Führungen Donnerstag 8, 9 und 10. An Feiertagen und im August geschlossen.

Planetarium
2. Bez., Prater, Hauptallee (beim Riesenrad), Tel. 24 94 32
Vorführungen: Samstag, Sonntag, Feiertag 15, 17.
Kindervorführung: Sonntag 9.30 (Schul- und Sondervorführungen
nach Vereinbarung, Tel. 72 61 92/36, Dienstag, Mittwoch, Donnerstag
9, 10, 11 möglich).

Pratermuseum
2. Bez., Hauptallee (Planetarium beim Riesenrad), Tel. 24 94 32
Samstag, Sonntag und Feiertag 14−18.30, Eintritt frei.

Rathaus
1. Bez., Friedrich-Schmidt-Platz (Eingang von der Linie U2), Tel.
42 800/20 38
Führungen: Montag−Freitag 11.

Riesenrad
2. Bez., Prater, Tel. 52 83 14
März und Oktober 10−22; April bis September 9−23.

Römische Baureste Am Hof
1. Bez., Am Hof 9, Tel. 42 804
Samstag, Sonntag 11−13, Eintritt frei.

Römische Ruinen unter dem Hohen Markt
1. Bez., Hoher Markt 3, Tel. 42 804
Dienstag−Sonntag 10−12.15, 13−16.30, Eintritt frei.

Sammlung Religiöse Volkskunst
1. Bez., Johannesgasse 8, Tel. 43 24 93 (ehem. Ursulinenkloster)
Mittwoch 9−15, Sonntag 9−13, Juli/August geschlossen.

Weltliche und Geistliche Schatzkammer
1. Bez., Hofburg, Schweizerhof, Tel. 52 63 99, wegen Renovierung vor-
übergehend geschlossen.

Schatzkammer des Deutschen Ordens
1. Bez., Singerstraße 7, Tel. 52 11 656
Täglich 10−12. Dienstag, Mittwoch, Freitag und Samstag auch 15−17.

Schloß Schönbrunn
13. Bez., Schönbrunner Schloßstraße, Tel. 83 36 46
Schauräume: nur mit Führung. Oktober bis April täglich 9−12, 13−16,
Mai bis September täglich 9−12, 13−17.
Gloriette: Mai−Oktober täglich 8 bis Einbruch der Dunkelheit.
Palmenhaus: Pflanzenschau derzeit im Sonnenuhrhaus (nächster Ein-
gang: Hietzinger Tor), täglich 9−16.30.
Park: täglich 6 bis Einbruch der Dunkelheit.

Schubert-Museum (Geburtshaus)
9. Bez., Nußdorfer Straße 54, Tel. 34 59 924
Dienstag—Sonntag 10—12.15, 13—16.30.

Schubert-Sterbezimmer
4. Bez., Kettenbrückengasse 6, Tel. 57 39 072
Dienstag—Sonntag 10—12.15, 13—16.30, Eintritt frei.

Spanische Reitschule
1. Bez., Hofburg, Josefsplatz
Vorführungen: siehe Detailprospekt.
Morgenarbeit: Februar: Montag—Samstag 10—12, März bis Juni und
September bis Mitte Dezember (ausgenommen Gastspielreisen) Diens-
tag—Samstag 10—12.
Stallbesuch: Mittwoch und Samstag 14—16, Sonntag und Feiertag
(wenn ohne Vorführung) 10—12, an Vorführungstagen 12.15—12.45,
Juli und August: täglich 14—16, Sonntag, Feiertag 10—12.

Staatsoper
1. Bez., Opernring 2
Führungen: September bis Juni an probefreien Tagen 14 und 15 (Auskunft: Tel. 53 24—24 80): Juli/August täglich 10, 11, 13, 14, 15.

Stadthalle
15. Bez., Vogelweidplatz 14, Tel. 95 49-0
Führungen nach Voranmeldung.

Stephansdom
1. Bez., Stephansplatz, Tel. 53 25 61/563
Führungen: Montag—Samstag 10.30, 15, Sonntag/Feiertag 15. Abend-
führungen: Mai—September Samstag, Sonntag 19 nach Bedarf.
Katakomben: täglich 10—11.30 und 14—16.30.
Pummerin, Nordturm (Schnellaufzug): täglich 8—17.
Turmbesteigung (Südturm): 1. 3.—15. 11. und 20. 12.—7. 1. täglich
9—17 (Einlaß bis 16.30).

Adalbert-Stifter-Museum
1. Bez., Mölker Bastei 8, Tel. 63 70 665
Dienstag—Freitag 10—16, Samstag 14—18, Sonntag und Feiertag 9—13,
Eintritt frei.

Johann-Strauß-Wohnung
2. Bez., Praterstraße 54, Tel. 24 01 21
Dienstag—Sonntag 10—12.15, 13—16.30, Eintritt frei.

Tabakmuseum
7. Bez., Messepalast (Eingang Mariahilfer Straße 2), Tel. 96 17 16
Dienstag 10—19, Mittwoch—Freitag 10—15, Samstag, Sonntag 9—13.

Technisches Museum für Industrie und Gewerbe mit Eisenbahn- sowie Post- und Telegrafenmuseum
14. Bez., Mariahilfer Straße 212, Tel. 83 36 18
Dienstag—Freitag 9—16, Samstag, Sonntag 9—13.

Österr. Theatermuseum
1. Bez., Hanuschgasse 3, 1. Stock, Tel. 52 24 27
Dienstag—Samstag 10—17, Sonntag 9—13, Dienstag, Donnerstag
11—12 nach telefonischer Anmeldung.

Tiergarten Schönbrunn
13. Bez., Schönbrunner Schloßpark (nächster Eingang: Hietzinger

Tor), Tel. 82 12 36
Täglich 9 bis Einbruch der Dunkelheit, spätestens 18.

Wiener Tramwaymuseum im Bhf. Ottakring der Wr. Verkehrsbetriebe
16. Bez., Maroltingergasse 53
Mitte Mai bis September: Sonntag 10−12.
Fahrten mit historischen Wagen von Mitte Mai bis September: Sonntag
15 Uhr ab Karlsplatz.
Auskünfte: Wr. Verkehrsbetriebe, Karlsplatzpassage, Tel. 57 31 86.

Uhrenmuseum der Stadt Wien
1. Bez., Schulhof 2, Tel. 63 22 65
Dienstag−Sonntag 9−12.15, 13−16.30.

Urania-Sternwarte
1. Bez., Uraniastraße 1, Tel. 72 61 91
Führungen bei klarem Himmel Mittwoch, Freitag, Samstag 20.30, Sonntag 11.

Virgilkapelle und Sammlung historischer Keramik aus Wien
1. Bez., Stephansplatz, U-Bahn-Station, Tel. 52 20 943
Dienstag−Sonntag 10−12.15, 13−16.30, Eintritt frei.

Wagenburg
13. Bez., Schloß Schönbrunn (Seitentrakt rechts), Tel. 82 32 44
Mai bis September: Dienstag−Sonntag 10−17. Oktober bis April:
Dienstag−Sonntag 10−16.

Weinbaumuseum im Döblinger Bezirksmuseum
19. Bez., Döblinger Hauptstraße 96, Tel. 36 10 042
Samstag 15.30−18, Sonntag 10−12.

Zentralfriedhof
11. Bez., Simmeringer Hauptstraße 234, Tel. 76 55 44
Ehrengräber von Beethoven, Mozart, Schubert, Brahms, Strauß,
Schönberg, Stolz u. a.
November bis Februar 8−17 (Einlaß bis 16.30), März, April, September,
Oktober 7−18 (Einlaß bis 17.30), Mai bis August 7−19 (Einlaß bis 18.30).

Zirkus- und Clownmuseum
2. Bez., Karmelitergasse 9, Tel. 34 68 615
Mittwoch 17−19, Samstag 15−17, Sonntag 9−12.

WICHTIGE TIPS FÜR WIEN-BESUCHER

1. Verkehr

Der Westbahnhof ist Ausgangspunkt der Westbahn über Linz, Salzburg und München in die BRD (Zugsauskunft: Tel. 72 00, 17 34). Vom Südbahnhof gelangt man auf der Südbahnstrecke nach Kärnten und in die Steiermark (Verbindungen nach Jugoslawien und Italien). (Auskunft: Tel. 17 35). Ausgangspunkt der Nordbahn nach Berlin und die ČSSR ist der Franz-Josefs-Bahnhof.

2. Stadtrundfahrten

Cityrama Sightseeing, Scholzgasse 10, 1020 Wien, Tel. 33 36 75
Vienna Sightseeing Tours, Stelzhammergasse 4, 1030 Wien, Tel. 72 46 83
»Modernes Wien«, Rathausinformation, Tel. 42 800/29 50
Fiakerfahrten ab Albertinaplatz, Heldenplatz, Kohlmarkt, Petersplatz und Stephansplatz

3. Information

Österreichische Fremdenverkehrswerbung, Margarethenstr. 1, 1040 Wien, Tel. 57 57 14
Fremdenverkehrsverband Wien, Kinderspitalgasse 5, 1095 Wien, Tel. 43 16 08
Tourist-Information, Operngasse, Tel. 43 16 08
Informationsstände an der West- und Südautobahn, am West- und Südbahnhof.

4. Theater

Kartenbestellungen beim Österreichischen Bundestheaterverband, Goethegasse 1, 1010 Wien (14 Tage im voraus)
Kartenvorverkaufsstelle: Hanuschgasse 3, 1010 Wien (bis 4 Tage im voraus).

5. Postamt

Hauptpostamt Fleischmarkt 19 (durchgehende Öffnungszeiten)
Bahnpostämter (0−24 Uhr).

6. Jugendherbergen

Jugendherberge »Pulverturm«, Pulverturmgasse 11, 1090 Wien, Tel. 31 42 04
Jugendgästehaus der Stadt Wien, Hütteldorf-Hacking, Schloßberggasse 8, 1030 Wien, Tel. 82 15 01

6. Campingplätze

Wien-West I, Hüttelbergerstr. 40, Tel. 94 14 49
Wien-West II, Hüttelbergerstr. 80, Tel. 94 23 14
Wien-Süd, Breitenfurterstr. 269, Tel. 86 92 18
Wien-Süd, Rodaun, Tel. 88 41 54
Schloßpark Laxenburg, Tel. 0 22 36/71 3 33